Contabilidad para todos:
Introducción al registro contable

Manuel Rajadell

Oriol Trullàs

Pep Simo

Contabilidad para todos: Introducción al registro contable

1ª Edición © 2014 OmniaScience (Omnia Publisher SL)

Manuel Rajadell, Oriol Trullàs, Pep Simo, 2014

ISBN: 978-84-941872-4-7

DL: B-29506-2013

Diseño cubierta: OmniaScience

Ilustraciones del libro y cubierta: Francisco Javier Benítez Vera

Índice

1   Introducción: Guía de uso

La razón de este libro, desde una perspectiva didáctica, es presentar un manual práctico para que pueda entenderse como funciona la contabilidad. Se trata de explicar de manera amena y sencilla los mecanismos propios de la contabilidad. En las estanterías de las librerías hay muchos manueales que tratan lo mismo que este, pero años de experiencia docente y de *feedback* con el alumnado nos ha impulsado a escribir este libro con la pretensión de ofrecer un contenido más ameno, digerible y práctico a la vez.

El alumno encontrará una introducción a los conceptos claves de la normalización contable y los mecanismos aplicados. Entenderá como se construye un Balance de Situación y una Cuenta de Resultados, en base a sus partidas constitutivas más comunes para las PYMES españolas. Como parte central del libro, se presentan supuestos de asientos contables *clásicos*, que han sido seleccionados con los siguientes criterios:

- o Que sean útiles para estudiantes de un curso de introducción a la contabilidad.
- o En el caso de cursos de postgrado (o de especialización) correspondería a un módulo de *"Contabilidad para no contables"*, comparable, en un símil gastronómico, a una "Cocina de Supervivencia" o para solteros.
- o Que sean prácticos, originales, propios del entorno empresarial, y con distinto nivel de dificultad.
- o Que permitan adquirir soltura en la realización de asientos contables y que sirvan de entrenamiento para poder enfrentarse a casos distintos de los que figuran en este manual.

Los enunciados de los asientos han sido agrupados en categorías según el tipo de hecho económico o financiero que representan. Estas categorías son:

- Compra
- Inversiones
- Gastos
- Ventas
- Periodificación
- Ingresos
- Subvenciones
- Entidades financieras
- Provisiones
- Personal
- Aportaciones de los socios
- Fianzas
- Impuesto sobre el Valor Añadido
- Resultados
- Amortizaciones
- Inmovilizado en curso

2 Introducción a los conceptos fundamentales

La contabilidad financiera tiene por objetivo proporcionar la información económico-financiera necesaria para la empresa. Para alcanzar este objetivo, la contabilidad debe captar, medir registrar los flujos generados por las transacciones realizadas por la empresa, y presentar esta información de forma adecuada.

El método contable consta de cuatro fases con funciones diferentes: análisis de datos, medición y valoración de flujos, registro contable de las transacciones y la información y síntesis. Los asientos contables se incluyen en los instrumentos para el registro contable de las transacciones, cuya función es la inscripción de éstas en los libros contables, que se tratarán más adelante.

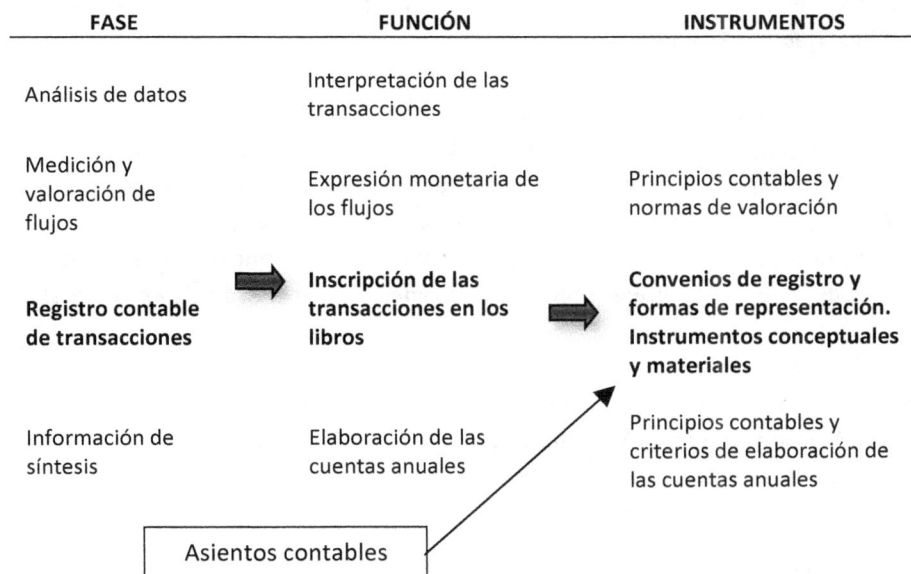

FASE	FUNCIÓN	INSTRUMENTOS
Análisis de datos	Interpretación de las transacciones	
Medición y valoración de flujos	Expresión monetaria de los flujos	Principios contables y normas de valoración
Registro contable de transacciones	**Inscripción de las transacciones en los libros**	**Convenios de registro y formas de representación. Instrumentos conceptuales y materiales**
Información de síntesis	Elaboración de las cuentas anuales	Principios contables y criterios de elaboración de las cuentas anuales

Asientos contables

Para finalizar, parece necesario comentar que en España (al igual que Estados Unidos, por ejemplo), no se requiere ningún título para llevar la contabilidad de una empresa, aunque para publicar dicha información se requiere la firma de los miembros del consejo de administración de dicha empresa.

2.1   El Plan General Contable en España

En los últimos años las Normas Internacionales de Contabilidad (NIC) se han ido convirtiendo en realidad en diferentes países de todo el mundo. Desde mediados del 2002 tanto la Unión Europea como el organismo regulador de los Estados Unidos de América (FASB[1]) fueron orientando su trabajo a homogenizar internacionalmente la información contable a través de las propuestas de la International Accounting Standards Board (IASB) asociado a la International Financial Reporting Standards Fundation (IFRS Fundation[2]). En España esta adaptación se materializó a través del Instituto de Contabilidad y Auditoría de Cuentas (ICAC[3]), organismo autónomo adscrito al Ministerio de Economía y Hacienda.

Los antecedentes del actual Plan Contable se remontan a 1973 con el Plan General Contable aprobado por el Decreto 530/1973[4] y el Plan General Contable de 1990 aprobado por el Real Decreto 1643/1990[5]. Finalmente en 2007 se aprueba el nuevo Plan Contable que se adapta a las Normas Internacionales de Contabilidad en el Real Decreto 1514/2007[6] y que a día de hoy está en vigor. A su vez debemos sumarle una adaptación para la PYMES (pequeñas y medianas empresas) aprobado por el Real Decreto 1515/2007[7] y otro para entidades sin ánimo de lucro aprobado por el Real Decreto 776/1998[8].

Conceptualmente la adaptación a las NIC introdujo cambios significativos en el actual Plan Contable en relación a su predecesor. Por ejemplo, la introducción de un marco conceptual más sólido, el cambio de los principios contables considerados como preferentes y las bases de valoración de los elementos de los estados financieros. En relación a los principios contables, que se detallan en el siguiente apartado, el actual Plan prioriza el principio de empresa en funcionamiento y del devengo, frente al principio de prudencia que prevalecía en el anterior Plan.

Por último, descartar una vez más tal y como se ha expuesto en la introducción del libro, todos los ejemplos que se tratarán y expondrán tendrán como marco de trabajo la adaptación del Plan Contable para PYMES reflejado en el Real Decreto 1515/2007.

---

[1] http://www.fasb.org

[2] http://www.ifrs.org

[3] http://www.icac.meh.es

[4] http://www.boe.es/aeboe/consultas/bases_datos/doc.php?id=BOE-A-1973-478

[5] http://www.boe.es/aeboe/consultas/bases_datos/doc.php?id=BOE-A-1990-31126

[6] http://www.boe.es/boe/dias/2007/11/20/pdfs/A47402-47407.pdf

[7] http://www.boe.es/aeboe/consultas/bases_datos/doc.php?id=BOE-A-2007-19966

[8] http://www.boe.es/boe/dias/1998/05/14/pdfs/A16039-16124.pdf

● ● ●

2.2   Principios contables

Los Principios de Contabilidad son normas contables emitidas por instituciones con autoridad reconocida, derivadas de la práctica más frecuente y, por tanto, más recomendables y orientadas hacia el cumplimiento de un objetivo contable concreto: conducir a que las Cuentas Anuales, formuladas con claridad, expresen la imagen fiel del patrimonio, de la situación financiera y de los resultados de la empresa. La contabilidad se desarrollará aplicando de forma obligatoria los principios contables que se adjuntan.

2.2.1   Principio de empresa en funcionamiento

Se considerará que la gestión de la empresa tiene prácticamente una duración ilimitada en el tiempo. En consecuencia, la aplicación de los principios contables no irá encaminada a determinar el valor del patrimonio a efectos de su enajenación global o parcial, ni el importe resultante en caso de liquidación.

Este principio recuerda a los contables que una empresa no es un negocio, ya que en ella debe existir una voluntad de continuidad y de supervivencia. En este punto conviene decir que algunas corrientes de pensamiento económico han intentado trazar una similitud entre la dinámica de los ecosistemas biológicos y la de los mercados. De hecho, dicha equiparación parte de una base de gran sentido común: en los mercados que forman la economía, múltiples organismos[9] (organizaciones e individuos) compiten por unos recursos limitados, con unas reglas de supervivencia estrictas: si existen beneficios, la organización puede vivir, crecer y continuar compitiendo y para ello la empresa ha de innovar. El mercado, dicta reglas de supervivencia y muerte exactamente iguales a las que rigen los seres vivos. La continuidad forma parte de la razón de ser de la empresa.

La alternativa al Principio de empresa en funcionamiento es suponer que se plantea liquidar el negocio. Cuando esto se plantea se utiliza un conjunto de reglas y principios contables diferente.

2.2.2   Principio del devengo

El principio del devengo propugna que la imputación de ingresos y gastos debe hacerse en función de la corriente real de bienes y servicios que los mismos representan y con independencia del momento en que se produzca la corriente monetaria o financiera derivada de ellos.

---

[9] Ver Ponti, F.; Ferràs, X., (2006): Pasión por Innovar. Página 153. Ediciones Granica, S.A. Barcelona.

Este principio pone de relieve que ingresar no es cobrar y que gastar no es pagar. De hecho ingresar sólo implica emitir una factura y esto es relativamente sencillo, mientras que cobrar es más difícil de conseguir, porque requiere ciertas habilidades. Por su parte, gastar no es igual que pagar, de hecho, para algunos individuos caraduras se trata de sucesos independientes. Es posible comprar (es decir gastar) y no pagar (ya que se puede pagar más tarde). En este sentido, las grandes superficies o hipermercados han gozado de períodos de pago superiores a cien días y períodos de cobro que no superan el mes. Como argumento adicional debe comentarse que, existen algunos gastos que no generan pagos como puede ser el caso de la amortización de los elementos de activo inmovilizado, o las provisiones por depreciación de existencias.

En otras palabras, los cobros y pagos inciden en las cuentas de tesorería de la empresa (caja, bancos y moneda extranjera), generando un flujo de dinero, mientras que las cuentas de ingresos o gastos inciden en las cuentas de resultados.

2.2.3   Principio de uniformidad

Adoptado un criterio en la aplicación de los principios contables dentro de las alternativas que, en su caso, éstos permitan, deberá mantenerse en el tiempo y aplicarse a todos los elementos patrimoniales que tengan las mismas características en tanto no se alteren los supuestos que motivaron la elección de dicho criterio.

En algunos aspectos la contabilidad admite la aplicación de distintos criterios. Por ejemplo, en la valoración de inventarios, para el caso de productos que no pueden distinguirse entre sí, si éstos han sido adquiridos a distintos precios, pueden aplicarse distintos métodos: FIFO o Precio Medio Ponderado. A veces, también puede ocurrir que puedan considerarse distintas alternativas para seleccionar la cuenta que debe utilizarse para registrar un determinado hecho, por ejemplo la compra de un martillo puede generar una duda entre considerarlo una máquina, un utillaje o un gasto. La diferencia entre las dos primeras opciones es muy poco significativa, pero pensar en la tercera opción implica decidir entre considerar la compra de un martillo como una inversión o un gasto. El Principio de Uniformidad impone que una vez adoptado un criterio éste debe mantenerse en el tiempo.

2.2.4   *Principio de prudencia*

El principio de prudencia determina que únicamente se contabilizarán los beneficios realizados a la fecha de cierre del ejercicio, por el contrario, los riesgos previsibles y las pérdidas eventuales con origen en el ejercicio o en otro anterior, deberán contabilizarse tan pronto sean conocidas, a estos efectos se distinguirán las reversibles o potenciales de las realizadas o irreversibles.

Este principio representa la primera lección de contabilidad que podrían aprender los niños en la guardería. Como es sabido, el cuento de la lechera es la historia de una joven que pensaba crear una multinacional a partir de los recursos financieros futuros, derivados de la venta del cántaro de leche que llevaba al mercado. Esto en contabilidad no vale, porque las ventas sólo existen cuando se han producido. Tampoco le valió a la joven del cuento pues el cántaro se rompió al caer al suelo y se quedó sin ingresos. Sin embargo, los gastos deben registrarse tan pronto como se sospecha que se producirán. Así pues, un posible deterioro de los stocks obliga a generar un apunte para minorar su valor.

2.2.5   *Principio de no compensación*

En ningún caso podrán compensarse las partidas del Activo, y del Patrimonio Neto y Pasivo, ni las de gastos e ingresos que integran la Cuenta de Resultados, establecidos en los modelos de las cuentas anuales. Se valorarán separadamente los elementos integrantes de las distintas partidas del Balance.

2.2.6   *Principio de importancia relativa*

Según el principio de la importancia relativa podrá admitirse la no aplicación estricta de algunos de los principios contables siempre y cuando la importancia relativa en términos cuantitativos de la variación que tal hecho produzca sea escasamente significativa y, en consecuencia, no altere las cuentas, anuales como expresión de la imagen fiel a la empresa. Para ilustrar este principio, se puede mencionar la valoración de existencias por una cantidad y valores fijos cuando se cumplan tres condiciones: se presente una renovación constante de dichas existencias, el valor y la composición no varíen mucho y finalmente que, el valor global sea secundario para la empresa. La aplicación de este principio facilita, por ejemplo, la valoración de los líquidos contenidos en los depósitos en un sistema productivo.

2.2.7   *Nota final*

En los casos de conflicto entre principios contables obligatorios deberá prevalecer el que mejor conduzca a que las cuentas anuales expresen la imagen fiel patrimonio, de la situación financiera y de los resultados de la empresa. Sin perjuicio de lo indicado en el párrafo precedente, el principio de prudencia tendrá carácter preferencial sobre los demás principios.

2.3   Elementos de las cuentas anuales

El Plan General Contable (PGC 2007), establece que las cuentas anuales deben incluir obligatoriamente cinco documentos: Balance, Cuenta de Resultados, Estado de Cambios en el Patrimonio Neto (ECPN), Estado de Flujos de Efectivo (EFE) y Memoria. La información contenida en estos documentos debe ser relevante, fiable, comprensible, suficiente y de utilidad práctica, y los requisitos a los que están sujetos son:

- o   Periodicidad: Anual, excepto en caso de constitución, escisión o fusión.
- o   Plazo: Tres meses después del cierre del ejercicio.
- o   Unidad monetaria: Euro.

o Identificación: En cada documento debe indicarse su denominación y el ejercicio al que corresponden.

Las cuentas anuales más importantes son el Balance de Situación y la Cuenta de Resultados y merecerán un tratamiento muy especial. El (ECPN), informa de las variaciones de patrimonio de un período a otro, desglosando la información de los cambios derivados de transacciones distintas a las realizadas con los propietarios de la empresa (variaciones de capital).

Estado de Flujos de Efectivo (en adelante EFE), es un estado financiero que tiene por objetivo mostrar el dinero efectivo que ha obtenido la empresa durante el ejercicio y como lo ha utilizado. A efectos de su presentación los movimientos de flujos de efectivo se clasifican en tres partes diferenciadas: flujos por actividades de explotación, por actividades de inversión y por actividades de financiación. En otras palabras, el EFE da información valiosa sobre la gestión de la tesorería y adicionalmente permite analizar aspectos de la explotación del negocio, como el resultado neto de gastos e ingresos no monetarios, la variación de partidas no monetarias, la financiación que se otorga a los clientes y el aumento o la disminución de las existencias.

La Memoria es un conjunto de explicaciones relevantes para la toma de decisiones en la empresa y que no se incluyen en los documentos anteriores. Para elaborar la Memoria por mucha contabilidad que uno sepa, es probable que algunos temas requieran el consejo o punto de vista de un asesor externo, entre otras cosas, porque no se enumera en la norma vigente la relación de puntos que debe contener.

2.3.1   El Balance de Situación

El Balance se puede considerar como el elemento básico, ya que la contabilidad de la empresa es la actividad que tiene por objetivo la producción del Balance.
El Balance es un documento contable que refleja la situación del patrimonio de la empresa en un momento determinado, en la medida en que dicha situación sea expresable en términos monetarios. El Balance, es pues, como una fotografía o resumen instantáneo de la situación de la empresa y, por tanto, su carácter estático, frente al sentido dinámico de la Cuenta de Resultados y del estado de origen y aplicación de fondos.

Las críticas que se han hecho a la capacidad informativa del Balance se centran en el hecho de que no informa de determinados activos de la empresa como por ejemplo, la capacidad de innovación, la calidad de los recursos humanos y que las valoraciones sean heterogéneas.

Los siguientes elementos se registran en el balance:

ACTIVOS: Bienes, derechos y otros recursos controlados económicamente por la empresa, resultantes de sucesos pasados, de los que se espera que la empresa obtenga beneficios o rendimientos económicos en el futuro. Los otros recursos controlados económicamente por la empresa hacen referencia al fondo de comercio (nivel de competencia, cuota de mercado, capital humano, etc.), y que no pueden clasificarse como bienes ni derechos. Se excluyen de los activos:

- o Los gastos activados (por ejemplo los gastos de primer establecimiento), por imperativo de las normas internacionales.
- o Las autocarteras de acciones propias y las partidas relacionadas con desembolsos pendientes del Capital Social por parte de los socios o accionistas.

PASIVOS: Obligaciones actuales surgidas como consecuencia de sucesos pasados, para cuya extinción de la empresa espera desprenderse de recursos que puedan producir beneficios o rendimientos económicos en el futuro. El concepto de sucesos pasados implica la exclusión de las provisiones para la cobertura de gastos, pérdidas o deudas "probables" que anteriormente eran consideradas pasivo. Si un coche de la empresa causa un atropello con daños que habría que indemnizar, no se considera provisión porque no se trata de una obligación surgida de sucesos pasados. La diferencia está en hay que considerar sólo los hechos ciertos pero no los probables (como sucedía con el anterior PGC de 1991).

PATRIMONIO NETO: Constituye la parte residual de los activos de la empresa, una vez deducidos todos los pasivos. Incluye las aportaciones realizadas, ya sea en el momento de la constitución o en otros posteriores, por los socios, que no tengan consideración de pasivos, así como los resultados acumulados u otras variaciones que le afecten.

ACTIVO – PASIVO = PATRIMONIO NETO

2.3.2   La Cuenta de Resultados

La Cuenta de Resultados es un documento contable que muestra cuál ha sido el beneficio o la pérdida registrada en una empresa, en un período de tiempo. El resultado de la empresa se va generando a través de un flujo continuo de transacciones que, agregadas, proporcionan unos datos globales de ingresos y gastos del período de cuya diferencia se obtiene el resultado o cifra de beneficio o pérdida. No hay que confundir el cálculo del resultado con el de la tesorería. La tesorería, formada por el efectivo en caja y el saldo de las cuentas bancarias, es la diferencia entre cobros y pagos, y figura en el Balance.

Mediante la comparación de dos balances consecutivos puede determinarse si los recursos han aumentado o disminuido y en qué cantidad, lo que no es detectable son las causas de esa variación. El análisis de la Cuenta de Resultados, permite determinar dichas causas.

La Cuenta de Resultados no es más que una partida del Balance que figura en el Patrimonio Neto con signo positivo en caso de beneficio y negativo en caso de pérdidas. Sin embargo, como se trata de una cuenta de gran importancia para enjuiciar la actuación de una empresa durante un ejercicio, se suele presentar su desglose independientemente del Balance. Esto supone examinar "con lupa" una partida del mismo con el fin de descubrir lo que hay detrás de ella ya que el conocimiento de cómo y dónde se ha generado el beneficio ofrece una información imprescindible para el análisis y la planificación futura.

Tal como se acaba de ver, el resultado está constituido por los ingresos menos los gastos del ejercicio contable, así como los beneficios y quebrantos no relacionados claramente con la actividad de la empresa. Según esto, para el cálculo del resultado de la empresa debe aplicarse la siguiente fórmula:

RESULTADO = INGRESOS – GASTOS

La aplicación de esta fórmula es más difícil de lo que parece. Para explicarlo se plantea un caso. En el mes de septiembre, unos grandes almacenes están preparando el anuncio publicitario de la campaña de rebajas de otoño invierno. El *spot* aparecerá en las pantallas de los televisores a partir del día 6 de enero (coincidiendo con el final de la campaña de Navidad)… y en ningún caso antes. Para la elaboración del anuncio la empresa ha pagado, durante el mes de septiembre, a una agencia de publicidad 300.000 €. Esta cantidad incluye, el diseño y guión publicitario, la contratación de modelos, el rodaje de las secuencias y su post-producción.

Generalmente, cuando esto se explica en un aula, los asistentes tienden a considerar los 300.000 € como un gasto de publicidad del año en curso, lo cual es un grave error, debido a que el gasto se produce en el ejercicio contable posterior ya que cuando realmente se produce el impacto publicitario, es justamente, el día 6 de enero. Además, conviene recordar, una vez más, que gastar no es lo mismo que pagar. En este caso se produce un pago y se genera un gasto anticipado, concepto que se verá más adelante, en el contexto de los ajustes de periodificación.

2.4   Aplicación del modelo abreviado de cuentas anuales

Podrá aplicar el modelo abreviado del Plan General de Contabilidad las empresas de cualquier forma jurídica que durante dos ejercicios consecutivos a la fecha de cierre de cada uno de ellos, concurran, al menos, dos de las tres circunstancias definidas a continuación.

Balance de Situación, ECPN y Memoria abreviados:

1.   Total de las partidas del activo no supere la cifra de 2.850.000 €.
2.   El importe neto de la cifra anual de negocios no supere los 5.700.000 €.
3.   El número medio de trabajadores empleados durante el ejercicio no supere los 50.

Cuenta de Resultados abreviada:

1.   Total de las partidas del activo no supere la cifra de 11.400.000 €.
2.   El importe neto de la cifra anual de negocios no supere los 22.800.000 €.
3.   El número medio de trabajadores empleados durante el ejercicio no supere los 250.

La empresa que presente estas condiciones no debe presentar el Estado de Flujos de Efectivo.

2.5   Criterios de valoración

A todos los elementos de las cuentas anuales se les asignará un valor monetario, teniendo en cuenta las normas de valoración incluidas en la segunda parte del PGC. Para ello se tendrán en cuenta las siguientes definiciones y criterios:

2.5.1   Coste histórico o coste

Este coste hace referencia al precio de adquisición o al coste de producción de un activo. El precio de adquisición es el importe en efectivo (después de deducir cualquier descuento en el precio), y otras partidas equivalentes más, en su caso, el valor razonable de las demás contraprestaciones derivadas de la adquisición debiendo éstas estar directamente relacionadas y ser necesarias para la puesta del activo en condiciones operativas. En el caso de activos inmovilizados, también incluye el desmantelamiento o retiro (rehabilitación del lugar), los gastos de la puesta en marcha incluida la ubicación en el lugar, y si esta puesta en marcha es superior a un año se podrá incluir en el coste de adquisición los gastos financieros devengados antes de la puesta en condiciones de funcionamiento, derivados de la financiación directamente atribuibles a la adquisición (límite el valor razonable del inmovilizado material).

El coste de producción incluye el precio de adquisición de las materias primas y otras materias consumibles, el de los factores de producción directamente imputables al activo y la fracción que razonablemente corresponda de los costes indirectamente relacionados con el activo, en la medida en que tales costes correspondan al período de fabricación o de construcción.

2.5.2   Valor razonable

El valor razonable es aquel por el cual puede ser adquirido un activo o liquidado un pasivo, entre partes interesadas y debidamente informadas, que realicen una transacción en condiciones de independencia mutua. Con carácter general, el valor razonable se calculará teniendo como referencia el valor de mercado fiable.

Para aquellos elementos que no tengan un mercado activo, se aplicarán técnicas de valoración con el fin de determinar su valor razonable. Cuando no exista un mercado activo, el valor razonable se obtendrá mediante la aplicación de los modelos y técnicas de valoración: referencias a transacciones recientes, o al valor razonable de otros elementos sustancialmente iguales.

2.5.3   Valor neto realizable

El valor neto realizable de un activo es el aquel que se puede obtener por la enajenación de éste deduciendo los costes estimados necesarios para llevarla a cabo, así como, en el caso de las materias primas y de los productos en curso, los costes estimados necesarios para terminar su producción, construcción o fabricación

2.5.4   Valor actual

El valor actual es el importe de los flujos de efectivo a recibir o pagar ya sea de un activo o de un pasivo, respectivamente, actualizados a un tipo de descuento adecuado.

2.5.5   Valor en uso

El valor en uso de un activo o de una unidad generadora de efectivo es el valor actual de los flujos de efectivo futuros esperados, a través de su utilización en el curso normal del negocio, teniendo en cuenta su estado actual y actualizados a un tipo de interés de mercado sin riesgo, ajustado por los riesgos específicos del activo que no hayan ajustado las estimaciones de flujos de efectivo futuros.

2.5.6 Costes de venta

Los costes de venta son los gastos incrementales directamente atribuirles a la venta de un activo en los que la empresa no habría incurrido de no haber tomado la decisión de vender, excluidos los gastos financieros, los impuestos sobre beneficios y los incurridos por estudios y análisis previos. Se incluyen los gastos legales necesarios para transferir la propiedad del activo y las comisiones de venta.

2.5.7 Coste amortizado

El coste amortizado de un instrumento financiero es el importe al que inicialmente fue valorado un activo financiero o un pasivo financiero, menos los reembolsos de principal que se hubieran producido, más o menos, según proceda, la parte imputada en la cuenta de Pérdidas y Ganancias, mediante la utilización del método del tipo de interés efectivo, de la diferencia entre el importe inicial y el valor de reembolso en el vencimiento y, para el caso de los activos financieros, menos cualquier reducción de valor por deterioro que hubiera sido reconocida, ya sea directamente como una disminución del importe del activo o mediante una cuenta correctora de su valor.

El tipo de interés efectivo es el tipo de actualización que iguala exactamente el valor en libros de un instrumento financiero con los flujos de efectivo estimados a lo largo de la vida del instrumento, a partir de sus condiciones contractuales y sin considerar las pérdidas por riesgo de crédito futuras.

2.5.8 Costes de transacción atribuibles a un activo o pasivo financiero

Son los gastos incrementales directamente atribuibles a la compra o enajenación de un activo financiero, o a la emisión o asunción de un pasivo financiero, en los que no se habría incurrido si la empresa no hubiera realizado la transacción.

2.5.9 Valor contable

El valor contable es el importe neto por el que un elemento patrimonial se encuentra registrado en el balance. Conviene tener presente que en el caso de los activos debe deducirse su amortización acumulada y cualquier corrección valorativa por deterioro, acumulada que se haya registrado.

2.5.10 Valor residual

El valor residual es el valor que la empresa estima que podría obtener si vendiera o dispusiera de otra forma un activo, deduciendo los costes estimados para realizar ésta operación. En otras palabras el valor residual es el valor al final de la vida útil de un elemento de inmovilizado.

3 Descripción del Balance de Situación

Para describir un Balance de Situación es útil utilizar el concepto de masas patrimoniales. A veces es muy difícil determinar si un elemento del Activo, por ejemplo, es más o menos líquido que otro, con lo cual un mismo patrimonio estaría ordenado de forma diferente según la interpretación de quien lo ordenase. Para evitar estas arbitrariedades, hacer más homogénea la estructura del Balance y facilitar su análisis, se introducen las masas patrimoniales.

Las masas patrimoniales son la agrupación de todos aquellos elementos que tienen características comunes de manera que el Balance de Situación está estructurado en dichas masas patrimoniales que aparecen ordenadas según criterios de liquidez y exigibilidad.

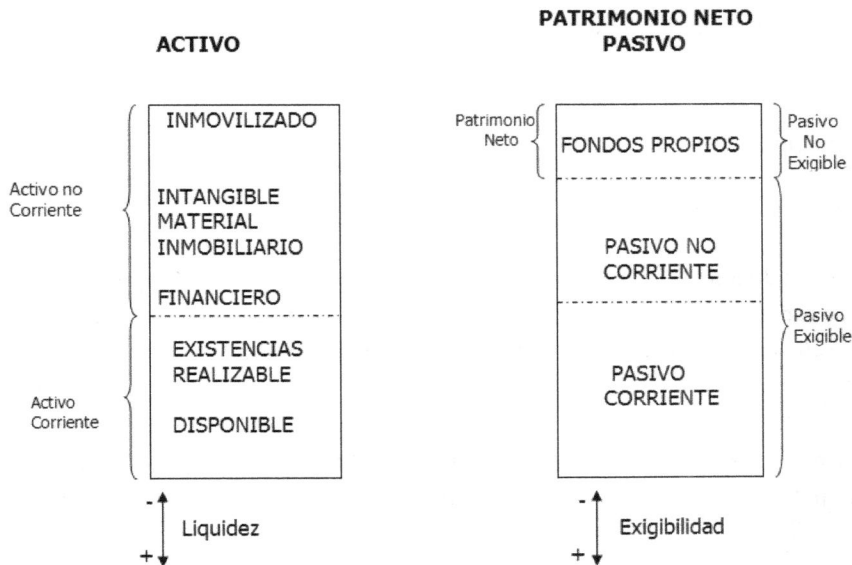

A continuación se analizan las estructuras del Activo y del Patrimonio Neto Pasivo en las que figuran los elementos más usuales, agrupados según masas patrimoniales. El criterio normalmente seguido para la ordenación de las distintas partidas que componen el Balance es el de la exigibilidad por parte de terceros de los distintos valores. Según los países las partidas del Balance se ordenan en el sentido "de menor a mayor" (liquidez/exigibilidad según se trate de una cuenta de Activo o de Patrimonio Neto Pasivo, respectivamente) o en el sentido inverso de "mayor a menor". En España el criterio más extendido es el de menor a mayor liquidez en el Activo y el de menor a mayor exigibilidad en el Patrimonio Neto Pasivo.

3.1 Activo

El Activo muestra el conjunto de bienes y derechos que la empresa posee en un determinado momento expresado en unidades monetarias. También representa la utilización que la empresa ha dado en ese momento a sus recursos. Los elementos que forman el Activo, tal como se ha dicho en el párrafo anterior, se clasifican siguiendo el criterio de ordenación de menor a mayor grado de liquidez. Así por ejemplo la máxima liquidez la tiene el dinero depositado en el banco. En cambio, las partidas de terrenos y edificios tienen un bajo grado de liquidez ya que, dentro del contexto de actividades de la empresa, se considera que tienen un carácter de permanencia casi ilimitada.

ACTIVO NO CORRIENTE = ACTIVO INMOVILIZADO = ACTIVO FIJO

El Activo no Corriente o Inmovilizado viene dado por el conjunto de bienes y derechos adquiridos por la empresa destinados a permanecer en ella bajo la misma forma de una manera estable o duradera. Pueden distinguirse distintos tipos de Activos no corrientes que se desarrollan a continuación.

3.1.1 Activo no Corriente

3.1.1.1 (20) Inmovilizado inmaterial

Se considera inmovilizado inmaterial al conjunto de bienes y derechos adquiridos por la empresa que no se materializan en bienes tangibles y que son susceptibles de valoración económica con fiabilidad. Cabe señalar que, existe una equivalencia terminológica entre inmateriales e intangibles.

Conviene advertir que para reconocer inicialmente un inmovilizado de naturaleza intangible, es necesario que cumpla el criterio de identificabilidad, que implica uno de los dos requisitos siguientes:

o Ser separable, esto es, susceptible de ser separado de la empresa (venta, cesión, arrendamiento, entregado para su explotación o intercambio).

o Surgir de derechos legales o contractuales, con independencia de que dichos derechos sean transferibles o separables de la empresa.

Valoración posterior:

a. La empresa determinará si un inmovilizado intangible tiene una vida útil definida o indefinida. El elemento tendrá una vida útil indefinida cuando no exista un límite estimado de tiempo para que el activo genere entradas de flujos netos de efectivo. Un elemento de inmovilizado intangible con una vida útil indefinida no se amortizará.

b. La vida útil de un inmovilizado intangible que no esté siendo amortizado se revisará cada ejercicio para determinar si continua manteniendo una vida útil indefinida. En caso contrario, se cambiará la vida útil de indefinida a definida, procediéndose según lo dispuesto en la norma relativa a cambios en criterios, errores y estimaciones contables.

En el inmovilizado intangible se encuentran las siguientes cuentas.

o *(200) Investigación*

Es la indagación original y planificada que persigue descubrir nuevos conocimientos y superior comprensión de los existentes en los terrenos científico o técnico. Refleja los gastos de investigación activados por la empresa. Los gastos de investigación que figuren en el Activo deberán amortizarse durante su vida útil, y siempre dentro del plazo de cinco años.

o *(201) Desarrollo*

Es la indagación o aplicación concreta de los logros obtenidos en la investigación o de cualquier otro tipo de conocimiento científico, a un plan o diseño en particular para la producción de materiales, productos, métodos, procesos o sistemas nuevos, o sustancialmente mejorados, hasta que se inicia la producción comercial.

Los gastos de desarrollo se reconocerán en el Activo y deberán amortizarse durante su vida útil que en principio, se presume, salvo prueba en contrario, que no es superior a cinco años.

Debe observarse que los gastos de investigación y desarrollo podrán activarse como inmovilizado intangible desde el momento en que cumplan las siguientes condiciones: estar específicamente individualizados por proyectos y su coste claramente establecido para que pueda ser distribuido en el tiempo y tener motivos fundados del éxito técnico y de la rentabilidad económico-comercial del proyecto o proyectos de que se trate.

En relación a la política de amortización hay que decir que, el hecho de la amortización es propio de la legislación española porque en las NIC no se considera y esto es debido a que en España *se desea premiar la investigación.* La ley de Sociedades Anónimas "empuja" a la rápida amortización para no tener saldo investigación y desarrollo en ya que el artículo 213 establece: "Se prohíbe toda distribución de beneficios, a menos que el importe de las reservas disponibles sea, como mínimo, igual al importe de los gastos de investigación y desarrollo que figuren en el Activo".

o   *(202) Concesiones administrativas*

Las Concesiones Administrativas son gastos efectuados para la obtención de derechos de investigación o de explotación, otorgados por el Estado u otras entidades públicas. En el PGC encontramos diferentes tipos de Concesiones Administrativas: del Estado, de las diputaciones, de los ayuntamientos, de estados extranjeros y de otras entidades públicas tanto nacionales como extranjeras. Las concesiones suelen darse por períodos limitados, perdiendo al final el derecho adquirido, en ese momento, el valor patrimonial de las mismas es nulo, de ahí que deban ser amortizadas. En algunas ocasiones el derecho de concesión puede ser transmisible en cuyo caso puede ser vendido o adquirido a un tercero.

o   *(203) Propiedad industrial.*

Se contabilizarán los gastos de desarrollo capitalizados cuando se obtenga la correspondiente patente o similar, incluido el coste de registro y formalización de la propiedad industrial. No se consideran las marcas (ni las cabeceras de periódico o revistas, ni las listas de clientes así como otras partidas generadas internamente). Deben ser objeto de amortización y corrección valorativa por deterioro con carácter general para los inmovilizados intangibles.

Como es bien sabido, una patente es un certificado otorgado por el Estado mediante el cual se reconoce el derecho a emplear y utilizar exclusivamente una invención en la industria y poner a la venta los objetos derivados de esta invención por un tiempo determinado. Las patentes se conceden por un plazo de 20 años improrrogables a partir de la fecha de presentación de la solicitud.

o   *(204) Fondo de comercio*

Se llama Fondo de Comercio (*goodwill, en terminología anglosajona*) al conjunto de bienes inmateriales, tales como la cartera de clientes, nombre o razón social, y otros de naturaleza análoga que implican valor para la empresa. Además de la definición del PGC, existe otra establecida por la Asociación Europea de Contabilidad y Auditoría (A.E.C.A), que define el Fondo de Comercio como "el exceso entre el importe satisfecho y la suma de los valores reales (que no excederán del valor del mercado) de los aspectos tangibles e intangibles adquiridos que se puedan identificar, menos los pasivos asumidos".

El Fondo en Comercio sólo puede aparecer en el Balance de Situación, en el caso de que una empresa proceda a la compra o absorción de otra empresa, por la cual paga un valor superior del que refleja su Patrimonio. La empresa compradora está dispuesta a pagar más de lo que contablemente vale, por considerar que la empresa comprada tiene un Fondo de Comercio, es decir, una buena cartera de clientes, una buena imagen y promoción en el mercado, una red de distribución eficaz, unos gastos de formación de la plantilla, una tecnología propia, etc.

El fondo de comercio no se amortizará (porque en principio presenta una vida útil indefinida).

o *(205) Derechos de traspaso*

Sólo podrán figurar en el activo cuando su valor se ponga de manifiesto en virtud de una transacción onerosa, debiendo ser objeto de amortización y corrección valorativa por deterioro.

o *(206) Aplicaciones informáticas.*

Importe satisfecho por la propiedad o por el derecho al uso de programas informáticos (software) entendiéndose incluidos entre los anteriores los gastos de desarrollo de las páginas web. En ningún caso podrán figurar en el activo los gastos de mantenimiento de la aplicación informática.

o *Otros inmovilizados intangibles.*

Además de los elementos intangibles anteriormente mencionados, existen otros que serán reconocidos como tales: derechos comerciales, propiedad intelectual o licencias.

3.1.1.2 *(21) Inmovilizado material*

Como su nombre indica, se consideran inmovilizaciones materiales todas aquellas de naturaleza tangible de carácter mueble o inmueble.

Valoración del inmovilizado material

o *Valoración inicial*: El inmovilizado material se valorará por el precio de adquisición o el coste de producción, los impuestos indirectos de estos bienes sólo se incluirán en el precio de adquisición o coste de producción cuando no sean recuperables directamente de la Hacienda Pública.

Formará parte del valor del inmovilizado material, la estimación inicial del valor actual de las obligaciones asumidas derivadas del desmantelamiento o retiro y otras asociadas al citado activo, tales como los costes de rehabilitación del lugar sobre el que se asienta, siempre que estas obligaciones den lugar al registro de provisiones de acuerdo con lo dispuesto en la norma aplicable a estas. En los inmovilizados que necesiten un periodo de tiempo superior a un año para estar en condiciones de uso, se incluirán en el precio de adquisición o coste de producción los gastos financieros que se hayan devengado antes de la puesta en condiciones de funcionamiento del inmovilizado material y que hayan sido girados por el proveedor o correspondan a préstamos u otro tipo de financiación ajena, específica o genérica, directamente atribuible a la adquisición, fabricación o construcción.

o *Precio de adquisición*: Este precio incluye el importe facturado por el vendedor después de deducir cualquier descuento o rebaja y todos los gastos adicionales y directamente relacionados que se produzcan hasta su puesta en condiciones de funcionamiento.

o *Coste de producción*: El coste de producción del inmovilizado material fabricado o construido por la propia empresa incluye el precio de adquisición de las materias primas y otras materias consumibles, los demás costes directamente imputables a dichos bienes. De igual forma se incluyen la parte que razonablemente corresponda de los costes indirectamente imputables a los bienes de que se trate en la medida en que tales costes correspondan al periodo de fabricación o construcción y sean necesarios para la puesta del activo, en condiciones operativas.

o *Permutas*: A efectos de este PGC, se entiende que un elemento del inmovilizado material se adquiere por permuta cuando se recibe a cambio de la entrega de activos no monetarios o de una combinación de estos con activos monetarios. En el caso de las permutas de carácter comercial, el inmovilizado recibido se valorará por el valor razonable del activo entregado más, en su caso, las contrapartidas monetarias que se hubieran entregado a cambio, salvo que se tenga una evidencia más clara del valor razonable del activo recibido y con el límite de este último. Las diferencias de valoración que pudieran surgir al dar de baja el elemento entregado a cambio tendrán como contrapartida la cuenta de Pérdidas y Ganancias. Cuando la permuta no tenga carácter comercial o cuando no pueda obtenerse una estimación fiable del valor razonable de los elementos que intervienen en la operación, el inmovilizado material recibido se valorará por el valor contable del bien entregado más las contrapartidas monetarias que hubieran entregado a cambio del valor razonable del inmovilizado recibido si éste fuera menor.

o *Aportaciones de capital no dinerarias*: Los bienes de inmovilizado recibidos en concepto de aportación no dineraria de capital serán valorados por su valor razonable en el momento de la aportación.

Con posterioridad a su reconocimiento inicial, los elementos del inmovilizado material se valorarán por su precio de adquisición o coste de producción menos la amortización acumulada y, en su caso, el importe acumulado de las correcciones valorativas por deterioro reconocidas.

o   *Amortizaciones*: Las amortizaciones se establecerán teniendo en cuenta la vida útil de los bienes y su valor residual, atendiendo a la depreciación que normalmente sufran por su funcionamiento, uso y disfrute, sin perjuicio de considerar también la obsolescencia técnica o comercial que pudiera afectarlos. En algunos casos se amortizará independientemente cada parte de un elemento del inmovilizado material cuando tenga un coste significativo y una vida útil distinta del resto del elemento.

o   *Deterioro del valor*: La pérdida por deterioro se presenta cuando el valor contable de un bien supere a su importe recuperable. Los cálculos del deterioro se efectuarán elemento a elemento de forma individualizada. Si no fuera posible estimar el importe recuperable de cada bien individual, la empresa determinará el importe recuperable de la unidad generadora de efectivo a la que pertenezca cada elemento del inmovilizado. Las correcciones valorativas por deterioro de los elementos del inmovilizado material, así como su reversión cuando las circunstancias que las motivaron hubieran dejado de existir, se reconocerán como un gasto o un ingreso, respectivamente, en la Cuenta de Resultados.

Las cuentas que intervienen en este subgrupo se definen a continuación:

o   *(210) Terrenos*

Solares de naturaleza urbana, fincas rústicas y otros terrenos no urbanos, minas y canteras. Su valoración incluirá los gastos de acondicionamiento, como cierres, movimiento de tierras, obras de saneamiento y drenaje, los de derribo de construcciones cuando sea necesario para poder efectuar obras de nueva planta, los gastos de inspección y levantamiento de planos cuando se efectúen con carácter previo a su adquisición, así como, en su caso, la estimación inicial del valor actual de las obligaciones presentes derivadas de los costes de rehabilitación del solar. Los terrenos no se amortizan, pero si se incurre en costes de rehabilitación del terreno, éstos se amortizarán a lo largo del período en que se obtengan los beneficios derivados de esos costes.

o   *(211) Construcciones*

Edificios en general cualquiera que sea su destino: industriales, comerciales, auxiliares, etc. Su precio de adquisición o de producción estará formado por las instalaciones y elementos que tengan carácter de permanencia, por las tasas inherentes a la construcción y los honorarios facultativos de proyecto y dirección de obra. Deberá valorarse por separado el valor del terreno y el de los edificios y otras construcciones.

o   *(212) Instalaciones técnicas*

En esta cuenta figuran las instalaciones eléctricas, de gas y agua.

o   *(213) Maquinaria*

Conjunto de máquinas empleadas en la extracción, transformación o elaboración de los productos. Se incluyen en esta partida los elementos de transporte interno sin salir al exterior tales como, carretillas elevadoras, traspaletas, etc. Se diferencian de la cuenta de elementos de transporte por el hecho de que estos pueden circular por las vías públicas, y aquellos no.

o   *(214) Utillaje*

Utensilios, plantillas, moldes y herramientas, con carácter permanente, utilizadas para facilitar la fabricación y que no son una parte integrante de una máquina.

o   *(215) Otras instalaciones*

En otras instalaciones se incluirán las inversiones efectuadas en instalaciones de contra-incendios, megafonía, cámaras de vigilancia y de seguridad, aire comprimido, etc.

La valoración de instalaciones técnicas, maquinaria utillajes y otras instalaciones comprenderá todos los gastos de adquisición o de fabricación y construcción hasta su puesta en funcionamiento.

Los utensilios y herramientas incorporados a elementos mecánicos se someterán a las normas valorativas y de amortización aplicables a dichos elementos. Los utensilios y herramientas que no formen parte de una máquina, y cuyo periodo de utilización se estime inferior a un año, deberán cargarse como gasto del ejercicio. Si el periodo es superior a un año, se recomienda, por razones de facilidad operativa, el procedimiento de regularización anual, mediante su recuento físico. Las plantillas y los moldes utilizados con carácter permanente en fabricaciones de serie deberán formar parte del inmovilizado material, calculándose su depreciación según el periodo de vida útil que se estime.

o   *(216) Mobiliario*

Todo tipo de muebles y enseres, incluidos los equipos de oficina y el material no fungible, es decir, que no se consume con el uso.

o (217) *Equipos para procesos de Información*

Comprende los ordenadores y otros equipos electrónicos.

o (218) *Elementos de transporte*

Vehículos de toda clase utilizados para el transporte terrestre, marítimo, o aéreo de personas, animales o materiales. Los vehículos que no están autorizados a circular por la vía pública no son elementos de transporte sino equipos de manutención y figuran en la partida de maquinaria.

o *Otro inmovilizado material*

Se recoge cualquier otro tipo de inmovilizado material que no tuviera cabida en los anteriores, como por ejemplo los *palets* y las plataformas que se utilizan para transportar mercancías dentro de la fábrica.

Consideraciones especiales:

- Los costes de renovación, ampliación o mejora de los bienes del inmovilizado material serán incorporados al activo como mayor valor del bien en la medida en que supongan un aumento de su capacidad, productividad o alargamiento de su vida útil, debiéndose dar de baja el valor contable de los elementos que se hayan sustituido.

- En la determinación del importe del inmovilizado material se tendrá en cuenta la incidencia de los costes relacionados con grandes reparaciones. El importe de estos costes se amortizará de forma distinta a la del resto del elemento durante el período que medie hasta la gran reparación. Cuando se realice la gran reparación, su coste se reconocerá en el valor contable del inmovilizado como una sustitución, siempre y cuando se cumplan las condiciones para su reconocimiento.

La baja de los inmovilizados materiales se presenta cuando existe su enajenación o disposición por otra vía o cuando no se espere obtener beneficios o rendimientos económicos futuros de los mismos. La diferencia entre el importe que, en su caso, se obtenga de un elemento del inmovilizado material, neto de los gastos inherentes a la operación, y su valor contable, determinará el beneficio o la pérdida surgida al dar de baja dicho elemento, que se imputará a la cuenta de Pérdidas y Ganancias del ejercicio en que esta se produce.

3.1.1.3 (22) Inversiones inmobiliarias

Terrenos, bienes naturales y edificios que no se usan en la actividad propia de la empresa. Las normas anteriores, las cuales tienen relación con el inmovilizado material, se aplicarán de igual forma a las inversiones inmobiliarias.

3.1.1.4 (23) Inmovilizaciones materiales en curso

En este subgrupo se contemplan los trabajos de adaptación, construcción o montaje realizados al cierre del ejercicio, antes de que entren en funcionamiento. También se incluyen los adelantos a proveedores de elementos e inmovilizado a cuenta de trabajos futuros. Las cuentas más significativas que intervienen en este subgrupo son:

o   *(230) Adaptación de terrenos y bienes materiales*

o   *(231) Construcciones en curso*

o   *(232) Instalaciones técnicas en montaje*

o   *(233) Maquinaria en montaje*

o   *(237) Equipos para procesos de información en montaje*

o   *(239) Anticipos para inmovilizaciones materiales*

A continuación se disponen los grupos (24) (25) y (26) que constituyen las inversiones o participaciones de la empresa en otras, con el propósito de obtener una renta o un control o, al menos, para ejercer una cierta influencia sobre la empresa emisora de los títulos.

3.1.1.5 (24) Inversiones financieras en partes vinculadas

Las cuentas más significativas que intervienen en este subgrupo son:

o   *(240) Participaciones a largo plazo en partes vinculadas*

o   *(242) Créditos a largo plazo a partes vinculadas*

3.1.1.6 (25) Otras inversiones financieras a largo plazo

Las cuentas más significativas que intervienen en este subgrupo son:

o   *(250) Inversiones financieras a largo plazo en instrumentos de patrimonio* o   *(252) Créditos a largo*

o   *(258) Imposiciones a largo plazo*

3.1.1.7   (26) Finanzas y depósitos constituidos a largo plazo

Incluye las fianzas y depósitos entregados como garantía del cumplimiento de una obligación a plazo superior a un año. Las cuentas que intervienen son:

o   *(260) Fianzas constituidas a largo plazo*

o   *(261) Depósitos constituidos a corto plazo*

3.1.1.8   (28) Amortización acumulada del inmovilizado

El concepto de amortización se desarrollará en un capítulo posterior de forma detallada. Las amortizaciones acumuladas registradas en este subgrupo figurarán en el Activo minorando la partida en que se contabilice el correspondiente elemento patrimonial.

o   *(280) Amortización Acumulada del inmovilizado intangible*

o   *(281) Amortización Acumulada del inmovilizado material*

o   *(282) Amortización Acumulada de las inversiones inmobiliarias*

3.1.1.9   (29) Deterioro de valor de activos no corrientes

Este subgrupo refleja la expresión contable de las correcciones de valor motivadas por pérdidas debidas al deterioro de valor de los elementos del Activo no Corriente. Las siguientes cuentas figurarán en el Activo no Corriente minorando la partida en que figure el correspondiente elemento patrimonial.

o   *(290) Deterioro de valor del inmovilizado intangible*

o   *(291) Deterioro de valor del inmovilizado material*

o   *(292) Deterioro de valor de las inversiones inmobiliarias*

3.1.2   Activo Corriente

El Activo Corriente engloba las partidas del Activo que están en continua transformación, por tanto, estará compuesto por aquellos elementos que pueden ser convertidos en dinero en un plazo inferior a un año. El Activo Corriente se divide en Existencias, Realizable y Disponible.

3.1.2.1   (3) Existencias

Las existencias constituyen el realizable de explotación, y está integrado por los stocks que la empresa necesita mantener para desarrollar su actividad productiva y comercial. Son activos poseídos para ser vendidos en el curso normal de la explotación, en proceso de producción o en forma de materiales o suministros para ser consumidos en el proceso de producción o en la prestación de servicios. Todas las cuentas de este subgrupo, permanecen durante todo el ejercicio económico con saldo inicial del mismo y, al cierre del ejercicio, se ajustan sus saldos a las existencias finales utilizando las cuentas de "Variación de Existencias".

3.1.2.2   (30) Comerciales

Las existencias comerciales son las mercaderías que las empresas de tipo comercial compran para su posterior venta sin realizar sobre ellas ningún tipo de transformación o tratamiento. Un ejemplo típico de empresa comercial lo constituyen los supermercados.

3.1.2.3   (31) Materias primas

Son aquellos productos o materiales que, por medio de un proceso de elaboración o transformación se convierten en productos acabados, como por ejemplo, la madera para una fábrica de muebles.

3.1.2.4   (32) Otros aprovisionamientos

○   *(320) Elementos y conjuntos incorporables*

Son aquellos elementos que no sufren proceso de fabricación para convertirse en productos acabados. Por ejemplo, en una fábrica de bicicletas las cubiertas de las ruedas compradas al exterior.

○   *(321) Combustible*

Materias energéticas susceptibles de almacenamiento. Si los combustibles no son almacenables, se cargarán en la cuenta (628) Suministros, mientras que si son almacenables, las compras se cargarán en la cuenta (602) Compras de otros aprovisionamientos y las existencias figurarán en la cuenta (321) del Balance.

o *(322) Repuestos*

Piezas destinadas a la sustitución de otras pero si tienen un ciclo de almacenamiento inferior a un año. Si el ciclo de almacenamiento es superior a un año, se considerará inmovilizado y se contabilizarán en la cuenta (219) Otro Inmovilizado Material.

o *(325) Materiales diversos*

Por ejemplo, los consumibles, que son aquellos materiales almacenados que han de ser consumidos en el proceso productivo, sin que lleguen nunca a formar parte del producto terminado. Forman parte de este grupo de materiales los lubricantes, los electrodos, el acetileno y el oxígeno para la soldadura.

o *(326) Embalajes*

Son las cubiertas y envolturas destinadas a resguardar productos y mercaderías que han de transportarse.

o *(327) Envases*

Son los recipientes o vasijas, recuperables o no, normalmente destinados a la venta juntamente con el producto que contienen.

o (328) Materiales de oficina

3.1.2.5 *(33) Productos en curso ce fabricación*

Son aquellos productos que se encuentran en fase de elaboración en el momento de elaborar el balance y que, por lo tanto no pueden considerarse ni productos terminados ni materia prima.

3.1.2.6 *(34) Productos en curso*

Son aquellos productos fabricados por la propia empresa y no destinados normalmente a la venta hasta que sean objeto de elaboración, incorporación o transformación posterior.

3.1.2.7   (35) Productos terminados

Las existencias de productos terminados están constituidas por los productos fabricados y destinados al consumo final o a su utilización por otras empresas. Este tipo de existencias tendrán especial relevancia para aquellas empresas que desarrollan una fabricación en serie, planificando la producción en función de la capacidad prevista de demanda del mercado, ya que precisan mantener cierto stock de productos terminados para poder atender a las demandas de aquel. Sin embargo, las empresas que producen bajo pedido, presentan la particularidad de que, en general, cada artículo tiene unas características especiales que responden a las especificaciones indicadas por el cliente. Es por ello, que la producción ha de iniciarse a partir del pedido del cliente, enviándole directamente el producto acabado en el momento de finalizar el proceso productivo, en lugar de pasarlo al stock.

3.1.2.8   (36) Subproductos, residuos y materiales recuperados

o   *Subproductos*

Se consideran como subproductos aquellos productos de carácter secundario o accesorio a la fabricación principal. Por ejemplo, la obtención de azufre en el refino del petróleo, o la mantequilla en el desnatado de la leche.

o   *Residuos*

Los residuos, se obtienen durante el proceso de elaboración de los productos y subproductos, pero tales residuos tienen un valor de venta o pueden ser reciclados. Por ejemplo, la chatarra en un taller mecánico.

o   *Materiales recuperados*

Son aquellos materiales, que por tener un valor intrínseco, entran nuevamente en el almacén, después de haber sido utilizados en el proceso productivo. Por ejemplo, la tinta en una industria de artes gráficas.

3.1.2.9   (39) Deterioro de valor de las existencias

Es la expresión contable de pérdidas reversibles que se ponen de manifiesto con motivo del inventario de existencias al cierre del ejercicio. Con la utilización de estas cuentas: *(390) Mercaderías, (391) Materias Primas, (396) Subproductos, residuos,* etc., se consigue que la información que proporciona el balance sea completa porque permite que figure el precio de adquisición, la depreciación y el valor neto realizable.

3.1.2.10 Valoración de existencias

o   *Valoración inicial*

Los bienes y servicios comprendidos en las existencias se valorarán por el precio de adquisición o el coste de producción. En las existencias que necesiten un período de tiempo superior a un año para estar en condiciones de ser vendidas, se incluirán en el precio de adquisición o coste de producción, los gastos financieros.

o   *Precio de adquisición*

El precio de adquisición es el importe facturado por el vendedor una vez deducido cualquier descuento, rebaja en el precio u otras partidas similares, así como los intereses incorporados al nominal de los débitos, y se añadirán todos los gastos adicionales que se produzcan hasta que los bienes se hallen ubicados para su venta.

o   *Coste de producción*

El coste de producción se determinará añadiendo al precio de adquisición de las materias primas y otras materias consumibles, los costes directamente imputables al producto "en circunstancias normales, considerando el promedio de varios ejercicios o temporadas, y teniendo en cuenta la pérdida que resulta de las operaciones previstas de mantenimiento". También se añadirán los costes indirectamente imputables que correspondan a los productos de que se trate, en la medida en que tales costes correspondan al período de fabricación, elaboración o construcción en los que se haya incurrido al ubicarlos para su venta. Todo esto implica para las empresas industriales la necesidad de llevar una contabilidad de costes, que les permita conocer los costes de todos los productos, residuos, materiales de consumo, etc.

o   *Métodos de asignación de valor*

Los bienes indistinguibles entre sí, se valorarán mediante el método FIFO o el precio medio ponderado. Se utilizará un único método de asignación de valor para todas las existencias que tengan una naturaleza y uso similares.

Cuando se trate de bienes no intercambiables entre sí o bienes producidos y segregados para un proyecto específico, el valor se asignará identificando el precio o los costes específicamente imputables a cada bien individualmente considerado.

o   *Valoración posterior*

Cuando el valor neto realizable de las existencias sea inferior a su precio de adquisición o a su coste de producción, se efectuarán las oportunas correcciones valorativas.

En el caso de las materias primas y otras materias consumibles en el proceso de producción, no se realizará corrección valorativa, siempre que se espere que los productos terminados a los que se incorporen sean vendidos por encima del coste. Cuando proceda realizar corrección valorativa, el precio de reposición de las materias primas y otras materias consumibles puede ser la mejor medida disponible de su valor neto realizable.

Los bienes o servicios que hubiesen sido objeto de un contrato de venta o de prestación de servicios en firme cuyo cumplimiento deba tener lugar posteriormente, no serán objeto de la corrección valorativa, a condición de que el precio de venta estipulado en dicho contrato cubra, como mínimo, el precio de adquisición o el coste de producción de tales bienes o servicios, más todos los costes pendientes de realizar que sean necesarios para la ejecución del contrato.
Si las circunstancias que causaron la corrección del valor hubiesen dejado de existir, el importe de la corrección será objeto de reversión.

3.1.2.11 (4) Realizable

El realizable es el conjunto de bienes en los que la empresa ha invertido fondos por exigencias de la actividad que ha de desarrollar, pero que carecen del carácter de permanencia que, como se indicó, poseen las inversiones en inmovilizado. Son bienes que generalmente integran el denominado proceso de maduración de la empresa y que están sujetos a un continuo proceso de renovación, estrechamente ligado con el ciclo productivo y comercial.

Los subgrupos y las cuentas más significativas incluídas en esta masa patrimonial se presentan a continuación:

3.1.2.12 (43) Clientes

o   *(430) Clientes*

La cuenta de clientes refleja el importe facturado por la empresa a clientes, como consecuencia de la venta de productos o la prestación de servicios, cuyo cobro no se ha realizado. Así pues, mediante la emisión de una factura se facilita un crédito a los clientes hasta el momento en que éstos hacen efectivo el pago, por ejemplo, en 30 días.

o *(431) Clientes, efectos comerciales a cobrar*

Un efecto comercial a cobrar es un crédito formalizado, regido por documentos como letras o pagarés, que refleja el derecho a cobrar de un tercero una deuda que este ha reconocido y se ha comprometido a pagar en una fecha determinada. Por lo tanto, esta cuenta representa también un crédito de la empresa contra sus clientes, pero con la particularidad de estar formalizado en un documento denominado efecto comercial.

o *(432) Clientes, operaciones de factoring*

Créditos con clientes que se han cedido en operaciones de *factoring*. El *factoring* consiste en la adquisición de créditos procedentes de ventas de bienes muebles, de prestación de servicios o de realización de obras, otorgando anticipos sobre tales créditos, asumiendo o no sus riesgos (según sea sin recurso o con recurso). Por medio del contrato de *factoring* un comerciante o fabricante cede una factura u otro documento de crédito a la empresa factor a cambio de un anticipo financiero total o parcial, y el factor deduce del importe del crédito comprado la comisión, el interés y otros gastos.

o *(436) Clientes de dudoso cobro.*

En esta cuenta se reflejan aquellas cantidades adeudadas por clientes que, llegado el vencimiento pactado, no han sido satisfechas. Aunque se mantiene el derecho de cobro, existe el riesgo de que el pago no llegue a hacerse efectivo. Asimismo, en esta cuenta se incluirán aquellos efectos calificados de dudoso cobro.

o *(407) Anticipos a proveedores*

Los anticipos a proveedores son los pagos a cuenta que tienen como finalidad facilitar la labor del proveedor. Cuando se recibe el material y la factura del proveedor esta cuenta desaparece, quedando abonado a la cuenta de aquel el importe de la factura deducido o pagado a cuenta.

3.1.2.13 (44) Deudores varios

o *(440) Deudores*

La cuenta de deudores varios engloba los créditos que la empresa disfruta contra personas o entidades no directamente relacionadas con la explotación. Por ejemplo, cuando la empresa obtiene una comisión en una operación atípica, cuando alquila un local, etc. En esta cuenta también se incluirán las subvenciones de explotación concedidas a la empresa, excluidas las que provengan del Estado, las cuales se cargarán en la subcuenta 4708 (Hacienda Pública, deudora por subvenciones concedidas). Estas subvenciones tienen como finalidad asegurar para la empresa una rentabilidad mínima o compensar déficits de explotación.

o   *(441) Deudores efectos comerciales a cobrar*

Créditos con deudores, formalizados mediante efectos comerciales aceptados.

o   *(446) Deudores de dudoso cobro*

Saldos deudores del subgrupo (44) incluidos los formalizados en efectos comerciales, en los que se sospeche razonablemente que se pueden calificar de dudoso cobro.

3.1.2.14 (46) Personal

o   *(460) Anticipos de remuneraciones*

Los anticipos de remuneraciones son las cantidades entregadas a cuenta a los empleados de la plantilla de la empresa. Si los anticipos tienen consideración de "préstamos" al personal, se incluirán en la cuenta (544) Créditos a corto plazo al personal, dependiendo del plazo del vencimiento.

3.1.2.15 (47) Administraciones Públicas

En este subgrupo se incluyen las subvenciones, las compensaciones, las desgravaciones, las devoluciones de impuestos y, en general, todas las percepciones, sean o no por motivos fiscales, realizadas por las Administraciones Públicas, excluida la Seguridad Social.

o   *(470) Hacienda Pública deudora por diversos conceptos*

Entendiéndose por diversos conceptos: IVA, subvenciones concedidas, devoluciones de impuestos, etc.

o   *(471) Organismos de la Seguridad Social deudores*

Representa créditos a favor de la empresa contra diversos organismos de la Seguridad Social, relacionados con las prestaciones sociales que ellos efectúan.

o   *(472) Hacienda Pública IVA soportado*

Registra el IVA devengado con motivo de la adquisición de bienes y servicios y de otras operaciones comprendidas en el texto legal, que tengan carácter deducible.

3.1.2.16 (48) Ajustes por periodificación (del tráfico comercial)

Los Ajustes por Periodificación son ajustes contables internos que permiten imputar a cada ejercicio o período los ingresos y gastos que le son propios. De este modo, los estados contables reflejarán la situación real de la empresa, tanto en lo referente a la situación patrimonial como económica. Los ajustes afectan tanto a la Cuenta de Resultados como al Balance de Situación.

El acto de distribuir un gasto o ingreso entre dos ejercicios contables, imputando a cada uno la parte del gasto o ingreso que le corresponde, se denomina periodificar, de ahí el nombre de ajustes por periodificación. Estos ajustes se realizarán siempre que se desee obtener unos estados contables bien ajustados, y como mínimo se deben realizar al final de un ejercicio contable.

Cabe señalar que, los ajustes por periodificación permiten asignar a cada período los gastos e ingresos que le son propios, con lo que, automáticamente, el Balance de Situación registrará los derechos u obligaciones que de ellos se deriven. Estos ajustes son consecuencia de las operaciones siguientes:

Diciembre	Enero	Operación	Nº	Balance	Representan
Pago	Gasto	Gastos Anticipados	[480]	Activo	Un derecho
Cobro	Ingreso	Ingresos Anticipados	[485]	Pasivo	Una obligación

o   *(480) Gastos anticipados*

Se realiza en diciembre el pago de un servicio que no se utilizará hasta enero. Debemos utilizar la cuenta de Gastos Anticipados. Esta cuenta refleja un derecho de la empresa, dado que ha pagado algo que aún no ha consumido, por lo que dicha cuenta debe figurar, a 31 de diciembre, en el Activo del Balance de Situación, y el gasto no se imputará hasta el mes de enero.

3.1.2.17 (49) Deterioro de valor de créditos comerciales y provisiones A C/P

Basándose en el principio de prudencia, cuando sobre un crédito comercial hay una posible insolvencia por parte del deudor, deberá efectuarse una corrección valorativa, que incidirá en la Cuenta de Resultados. No hay que confundir estas correcciones contables de "posibles" insolvencias con "firmes" insolvencias. Las primeras pueden ser reversibles y se contabilizan por medio de las cuentas correctores denominadas "deterioros", mientras que las segundas son irreversibles y representan una pérdida definitiva.

3.1.2.18 (54) Otras inversiones financieras temporales

Las principales cuentas de este subgrupo son las siguientes: *(542) Créditos a corto plazo, (543) Créditos a corto plazo por enajenación de inmovilizado, (544) Créditos a corto plazo al personal, (545) Dividendo a cobrar, (546) Intereses a corto plazo de inversiones financieras, (548) Imposiciones a corto plazo.* Estas cuentas representan préstamos y otros créditos no comerciales concedidos a terceros.

3.1.2.19 (55) Otras cuentas no bancarias

En este subgrupo destacan las cuentas siguientes:
o   (550) Titular de la explotación

Cuenta corriente mantenida con el titular de la explotación que expresa la relación existente entre el patrimonio personal del titular y la empresa a lo largo del ejercicio contable.

o   *(551) Cuenta corriente con socios y administradores*

Cuentas corrientes de dinero efectivo con socios y administradores de la empresa.

o   *(555) Partidas pendientes de aplicación*

Cantidades de fondos recibidas por causas inicialmente, no identificables y siempre que no correspondan a operaciones que por su naturaleza hayan de incluirse en otros subgrupos. Estas cantidades permanecerán en esta cuenta el tiempo estrictamente necesario para aclarar su origen.

3.1.3   Disponible

Toda empresa debe contar con una cierta cantidad de fondos líquidos para hacer frente a las necesidades financieras de tipo corriente que se originan como consecuencia de su actividad. El disponible está representado, fundamentalmente, por dos partidas: caja y bancos.

3.1.3.1 (57) Tesorería

o   *(570) Caja*

La cuenta de Caja es el reflejo contable del dinero disponible en efectivo para pequeños pagos diarios.

o *(571) Caja, moneda extranjera*

Contablemente una transacción en moneda extranjera es una operación cuyo importe se denomina o para la que se exige su liquidación, en una moneda distinta a la que se utiliza para su contabilización (moneda funcional). Como es sabido, las cuentas de las empresas domiciliadas en España se deben presentar en euros, moneda que no tiene porqué coincidir con la moneda funcional, lo que genera la disposición de distintas monedas distintas.

o *(572) Bancos*

Es el reflejo contable del dinero depositado en cuentas corrientes a la vista en entidades financieras para atender los pagos que se presenten.

o *(574) Bancos e instituciones de crédito, cuentas de ahorro en euros*

o *(576) Inversiones a corto plazo de gran liquidez*

3.2   Patrimonio Neto y Pasivo

El Patrimonio Neto Pasivo y Pasivo de la empresa expresa el conjunto de obligaciones y deudas que la empresa tiene contraídas en un momento determinado, frente a los propios propietarios y frente a terceros. Desde el punto de vista económico-financiero expresa también el origen o fuente de los recursos que la empresa tiene utilizados en el momento que se hace el Balance. Las distintas partidas del Patrimonio Neto y Pasivo, tal como se ha visto anteriormente, se ordenan según el criterio de menor a mayor exigibilidad.

La financiación básica comprende el Patrimonio Neto y la financiación ajena a largo plazo de la empresa, destinados en general, a financiar el Activo no Corriente y a cubrir un margen razonable del corriente. También incluye situaciones transitorias de financiación.

3.2.1   Patrimonio Neto

El Patrimonio Neto constituye la parte residual de los activos de la empresa una vez deducidos todos sus pasivos. En otras palabras, son aquellas partidas no exigibles para la empresa por ser propiedad de sus titulares, salvo casos excepcionales y reglamentados por la ley.

3.2.1.1   (10) Capital Social

En esta cuenta figura el valor del capital de las sociedades que revisten forma mercantil (Sociedades Anónimas, Sociedades de Responsabilidad Limitada o Sociedades Colectivas). Por tanto, el Capital Social refleja las aportaciones escrituradas del empresario o de los accionistas, susceptibles de aumento y disminución y constituye la garantía de los acreedores. En el caso de las sociedades anónimas, el Capital Social se divide en acciones, cada una de las cuales representa una parte alícuota de aquél. Como es sabido, en las sociedades limitadas no se puede hablar de acciones sino de participaciones.

3.2.1.2   (11) Reservas

Las reservas reflejan aquellos beneficios obtenidos por la empresa y no distribuidos en forma de dividendos, permaneciendo por tanto invertidos en ella.   Desde el punto de vista de su regulación existen varias clases de Reservas:

o   *(110) Reservas por prima de emisión de acciones*

Las Reservas por Prima de Emisión están constituidas por emisiones de acciones a precio superior a su valor nominal, es decir, por encima de la par. Así pues, la prima se suele exigir en aquellos casos en que el valor real de la empresa es superior al que indica su capital, como consecuencia de la existencia de unos beneficios no repartidos o reservas. Además de una razón de tipo fiscal, al emitir las acciones con prima, se evita la entrada de nuevos accionistas o la suscripción de la nueva emisión por los accionistas antiguos en proporciones diferentes a las existentes.

o   *(111) Reservas de regularización del balance*

Las revalorizaciones son actualizaciones del inmovilizado material autorizados por ley, que permiten compensar la pérdida del poder adquisitivo que sufre el dinero a medida que el tiempo pasa. Las normas de revalorización permiten a las empresas, en determinadas condiciones regularizar sus balances, actualizando los activos, mediante la aplicación de coeficientes prefijados por la Administración Pública.

o *(112) Reservas Legales*

Las Reservas Legales se regulan por la Ley de Sociedades Anónimas, que establece una dotación de reservas siempre y cuando los beneficios fueran superiores al 6% del capital nominal. La dotación mínima impuesta es del 10% de los beneficios obtenidos en el ejercicio no cesando la obligación hasta que la reserva alcance un importe igual a la quinta del capital desembolsado. De esta reserva solo se podrá disponer para cubrir un déficit de la Cuenta de Resultados.

o *(113) Reservas Voluntarias*

Las Reservas Voluntarias se constituyen libremente según los acuerdos de la Junta General de accionistas que puede decidir, previo cumplimiento de los preceptos legales y estatutarios, una dotación para reservas en la cuantía y para los fines que estime oportunos.

o *(114) Reservas especiales*

Son un ejemplo de reservas especiales las reservas estatutarias:

- (1141) Reservas Estatutarias

   Las sociedades mercantiles están obligadas a redactar unos estatutos para la regulación de su funcionamiento interno. Si los estatutos de la sociedad establecen la obligación de aplicar una parte de los beneficios a reservas, a estas se les denomina estatutarias.

o (118) Aportaciones de socios o propietarios

Es una cuenta creada en el PGC 2008 para contabilizar las aportaciones de socios para la compensación de pérdidas en la Cuenta de Resultados.

3.2.1.3 (12) Resultados pendientes de aplicación

o *(120) Remanente*

Está constituido por los beneficios no repartidos ni aplicados específicamente a ninguna otra cuenta, tras la aprobación de las cuentas anuales y de la distribución de resultados, por parte de la Junta General de accionistas.

o *(121) Resultados negativos de ejercicios anteriores*

En subcuentas de cuatro cifras, la empresa contabilizará los resultados negativos de años anteriores.

o   *(129) Resultado del ejercicio*

La empresa, en cada ejercicio, obtiene unos ingresos y realiza unos gastos. La diferencia entre ambos conceptos da lugar a los Resultados. Si los Resultados son positivos, esto es, si han puesto un beneficio para la empresa, su importe aparecerá con signo positivo; si por el contrario, son negativos, (en caso de pérdidas), su saldo aparecerá con signo negativo.

3.2.1.4   *(13) Subvenciones, donaciones, legados y otros ajustes en Patrimonio Neto*

Este subgrupo refleja las cantidades recibidas directamente del Estado o de otras entidades, públicas o privadas que por lo general tienen como fin ayudar al establecimiento de la infraestructura básica de la empresa o a financiar una parte concreta de su inmovilizado. Las cuentas que intervienen son: (130) Subvenciones oficiales de capital, (131) Donaciones y legados de capital, (132) Otras subvenciones, donaciones y legados.

3.2.1.5   *(14) Provisiones*

Pasivos financieros que surgen de obligaciones expresas o tácitas, claramente especificadas en cuanto a su naturaleza, pero que en la fecha de cierre del ejercicio son indeterminadas en cuanto a su importe exacto o a la fecha en la que se producirán.

o   *(140) Provisiones para retribuciones y otras prestaciones al personal*

Obligaciones legales, contractuales o implícitas con el personal de la empresa, por conceptos diferentes a los de las cuentas 146 y 147, sobre las cuales existe incerteza en la cuantía o en el vencimiento, tales como retribuciones post-ocupación de prestación definida o prestaciones por incapacidad.

o   *(141) Provisión para impuestos*

Importe estimado de deudas tributarias indeterminadas en cuanto a su importe exacto o la fecha que se producirán, dependiendo del cumplimiento o no de determinadas condiciones.

o   *(142) Provisión para responsabilidades*

Son las provisiones procedentes de litigios en curso, indemnizaciones u obligaciones derivadas de avales y otras garantías similares a cargo de la empresa.

o   *(143) Provisión para desmantelamiento retiro o rehabilitación del inmovilizado*

Esta provisión refleja el importe estimado de los costes que serán necesarios para el desmantelamiento o retiro del inmovilizado, así como los costes necesarios para la rehabilitación del lugar sobre el que se asienta.

o   *(145) Provisión para actuaciones medioambientales*

Esta cuenta recoge las obligaciones legales, contractuales o implícitas de la empresa o compromisos adquiridos por la misma, de cuantía indeterminada, que tienen por finalidad prevenir o repara daños sobre el medio ambiente.

3.2.2   Pasivo

El Pasivo está constituido por los medios financieros de procedencia ajena a la empresa. Antes de empezar el estudio hay que decir que es totalmente necesario a efectos de formulación y análisis de las cuentas anuales contabilizar separadamente el largo plazo y el corto plazo.

Con carácter general, los pasivos se valoran inicialmente por valor razonable, de la contraprestación recibida, o precio de la transacción, tras deducir los costes de dicha transacción directamente imputables. La valoración posterior al reconocimiento de los pasivos se realiza por su coste amortizado, computando en la Cuenta de Resultados, los intereses de acuerdo con el método del tipo de interés efectivo, de la diferencia entre el importe inicial y el valor de reembolso en el vencimiento. Los débitos por operaciones comerciales con vencimiento no superior a un año, se valoran por su valor nominal.

3.2.3   Pasivo no Corriente

El Pasivo no Corriente (a veces denominado también Pasivo Fijo) comprende aquellas obligaciones a satisfacer en un plazo superior al ejercicio contable, o sea a un año.

3.2.3.1   *(15) Deudas a largo plazos con características especiales*

Acciones o participaciones en el capital de la empresa que atendiendo a las características económicas de la emisión, se hayan de considerar como pasivo financiero. Intervienen en este subgrupo las cuentas: *(150) Acciones o Participaciones a Largo Plazo Contabilizadas como Pasivo* y *(154) Aportaciones no Dinerarias Pendientes por Acciones o Participaciones Contabilizadas como Pasivo.*

3.2.3.2 (16) Deudas a largo plazo con partes vinculadas

Deudas con un vencimiento superior a un año, contraídas con empresas del grupo, multigrupo, asociadas y otras partes vinculadas incluidos los intereses con vencimiento superior a un año.

3.2.3.3 (17) Deudas a largo plazo por préstamos recibidos, empréstitos y otros conceptos

○ *(170) Deudas a largo plazo con entidades de crédito*

Deudas con entidades de crédito con vencimiento superior a un año. Entran en esta categoría los préstamos hipotecarios, que son los fondos líquidos recibidos a préstamo, que la empresa obtiene del exterior, afectando como garantía, determinados bienes de su activo inmovilizado.

○ *(171) Deudas a largo plazo*

Deudas con terceros con vencimiento superior a un año.

○ *(173) Proveedores de inmovilizado a largo plazo*

Deudas con suministradores de bienes definidos en el grupo de Activo no Corriente, con vencimiento superior a un año.

○ *(174) Efectos a pagar a largo plazo*

Deudas contraídas por préstamos recibidos con vencimiento superior a un año, instrumentados mediante efectos comerciales, incluidos los derivados de suministros de bienes del Activo no Corriente.

○ *(177) Obligaciones y bonos*

Las Obligaciones y Bonos son aquellos fondos que la empresa obtiene a largo plazo mediante la entrega de ciertos títulos, que llevan implícitos ciertos derechos, para el suscriptor de las mismas, como pueden ser el cobro de intereses y la restitución del principal. Las Obligaciones y Bonos son iguales en todas sus características salvo el plazo, que en el caso de los Bonos oscila entre dos y cinco años, mientras que en las Obligaciones es superior a cinco años.

○ *(178) Obligaciones y bonos convertibles*

Son aquellas Obligaciones y Bonos que se convertirán en acciones si el poseedor de estos títulos le interesa las condiciones económicas del cambio.

3.2.3.4 (18) Pasivos por fianzas y garantías a largo plazo

Estas fianzas son "efectivo recibido como garantía del cumplimiento de una obligación". Se incluyen en este subgrupo los efectivos recibidos en concepto de depósito irregular. Un depósito irregular es aquel en virtud del cual el depositario adquiere la propiedad de las cosas tangibles depositadas, asumiendo la obligación de devolver al depositante, al término del mismo otro tanto de la misma especie y calidad. Las cuentas que pertenecen a este subgrupo son: *(180) Fianzas recibidas a largo plazo, (181) Anticipos recibidos por ventas o prestaciones de servicios a largo plazo, (185) Depósitos recibidos a largo plazo y (189) Garantías financieras a largo plazo.*

3.2.4 Pasivo Corriente

El Pasivo Corriente comprende todas las obligaciones que la empresa ha de satisfacer dentro del ejercicio contable, y que tienen su origen en el tráfico comercial de la empresa.

3.2.4.1 (40) Proveedores

Las cuentas más características de este subgrupo son las siguientes:

o *(400) Proveedores*

Dadas las condiciones del tráfico mercantil, es normal que la empresa consiga plazos de pagos más o menos largos, de manera que, puede disfrutar de los bienes adquiridos antes de pagarlos. La cuenta de proveedores refleja pues, las obligaciones de pago por la adquisición de materiales y servicios utilizados en el proceso productivo.

o *(401) Proveedores efectos comerciales a pagar*

Este concepto se refiere a aquellas deudas, derivadas de las operaciones de tráfico mercantil, que han sido debidamente formalizadas en efectos comerciales. Los efectos comerciales a pagar son aquellos giros o letras de cambio en poder de terceros que reflejan la obligación de pagar una deuda que se ha reconocido y se ha aceptado liquidar en una fecha determinada.

o *(403) Proveedores empresas del grupo*

Deudas con las empresas en las que existe una vinculación de control directa o indirecta, cuando actúan como proveedoras.

○ *(437) Envases y embalajes a devolver por los clientes*

Esta cuenta refleja el importe de los envases y embalajes cargados en una factura a los clientes, con facultad de devolución por estos. Esta cuenta figura en el activo corriente minorando la cuenta 430.

○ *(438) Anticipos de clientes*

Esta partida es especialmente importante si se planifica la producción contra pedido, con materiales caros y mediante un proceso de fabricación complejo. Las Anticipos a Clientes reflejan los cobros realizados a clientes a cuenta de un determinado pedido a suministrar, en consecuencia la empresa se endeuda con ellos por el importe de los mismos.

3.2.4.2 (41) Acreedores varios

○ *(410) Acreedores por prestaciones de servicios*

Son las deudas contraídas con suministradores de servicios que no tienen la condición estricta de proveedores y que prestan algún servicio a la empresa. No son proveedores en sentido estricto porque no pueden ser considerados suministradores de alguno de los bienes definidos en el grupo de existencias, como por ejemplo los transportes o las asesorías laborales y contables.

○ *(411) Acreedores, efectos comerciales a pagar*

Deudas con suministradores de productos o servicios que no tienen condición estricta de proveedores, formalizados en efectos comerciales que han sido aceptados.

3.2.4.3 (46) Personal

○ *(465) Remuneraciones pendientes de pago*

Las Remuneraciones pendientes de pago son las cantidades pendientes de liquidar al personal que integra la plantilla de la empresa.

3.2.4.4 (47) Administraciones Públicas

○ *(475) Hacienda Pública acreedora por conceptos fiscales*

Esta partida refleja los derechos y las obligaciones que la empresa tiene con entidades públicas, tales como, Hacienda Pública (tributos obligatorios) y los Organismos de la Seguridad Social. Si esta cuenta tuviese saldo deudor por naturaleza figuraría en el Activo, por ejemplo, por IVA a devolver por Hacienda. En esta cuenta se encuentran las siguientes subcuentas: (4750) Hacienda Pública Acreedora por IVA, (4751) Hacienda Pública Acreedora por Retenciones Practicadas y (4752) Hacienda Pública Acreedora por el Impuesto de Sociedades.

o   *(476) Organismos de la Seguridad Social acreedores*

Deudas pendientes con Organismos de la Seguridad Social derivadas de las prestaciones que realizan.

o   *(477) Hacienda Pública IVA repercutido*

Registrará el IVA devengado con motivo de la venta de bienes o servicios y de otras operaciones comprendidas en el texto legal, que se carga a los clientes.

3.2.4.5   (48) Ajustes por Periodificación

Este subgrupo refleja el importe recibido a cuenta de futuras ventas o prestaciones de servicios.

o   *(485) Ingresos anticipados*

La cuenta de Ingresos Anticipados expresa una obligación para la empresa, ya que ha cobrado por un servicio que aún no ha prestado, como tal obligación debe figurar, en fechas de 31 de diciembre en el Balance de Situación, y el ingreso no se contabilizará como tal hasta el mes de enero.

La empresa cobra por adelantado en el mes de diciembre el alquiler de enero correspondiente a un local que tiene arrendado. En este ejemplo, aunque se cobre el alquiler en diciembre, el ingreso corresponde al ejercicio siguiente, ya que se trata del alquiler del mes de enero.

3.3   Ejemplo de realización de un Balance de Situación

Para el desarrollo de un ciclo contable es necesario disponer de un Balance de Situación inicial. En el siguiente ejemplo se plantea confeccionar uno, a partir de la información que se facilita a continuación.

Como notas previas a este caso pedagógico se advierte que:

o El Capital Social no se sabe (es una incógnita), por tanto debe calcularse y después colocar su valor en el lugar del Balance que le corresponda.

o Deben utilizarse los nombres de las cuentas adecuados según el PGC.

Elementos Patrimoniales:

a) La empresa compró una nave industrial por un valor de adquisición de 420.000 euros. Según el Ayuntamiento de la ciudad el 20% del valor catastral corresponde al terreno.

Otros elementos bienes patrimoniales son:

Elemento	Valor de adquisición (€)
Máquinas	255.000
Ordenadores, impresoras y redes informáticas	60.250
Muebles	42.000
Instalaciones (eléctrica, agua, seguridad, etc.)	55.000
Parque móvil (coches y furgonetas)	132.530

NOTA: La amortización acumulada del Inmovilizado Material es el 40% del valor de los bienes que lo componen (este concepto deberá reflejarse en una única cuenta con el nombre de A.A.I. y el valor que le corresponda).

b) La empresa formalizó un préstamo hipotecario. El capital pendiente de devolución es 76.000 € de los cuales 19.000 € se amortizarán financieramente durante este año. En otras palabras, la suma de la devolución de capital de las 12 cuotas correspondientes al año actual suman 19.000 €.

c) Las facturas recibidas de los proveedores, pendientes de pagar ascienden a 36.000 €, mientras que las recibidas de los acreedores de la empresa suman 12.600 €.

d) Los efectos comerciales impagados presentan un saldo de 7.600 €.

e) Las saldos de las cuentas de disponible son: Caja 7.300 € y Bancos 12.700 €. No se dispone de moneda extranjera.

f) La empresa, que trabaja contra pedido, después de un exhaustivo inventario dispone de los siguientes datos:

	(€)
Existencias de materias primas	3.200
Existencias de materias primas auxiliares	2.300
Existencias de envases y embalajes	1.100

En el almacén hay tres bidones de disolvente de 200 Kg. de peso en total, que no tienen valoración económica. Se trata de unos materiales de desecho que nadie está dispuesto a comprar.

g) Los beneficios no distribuidos por la empresa desde su creación ascienden a 366.000 €.

h) Otra información disponible:

	(€)
Deuda pendiente derivada de los gastos de Seguridad Social	2.900
Liquidación de IVA pendiente de pagar	9.500
Liquidación de las retenciones de IRPF pendientes de pagar	2.400
Sueldos y salarios pendientes de pagar a determinados trabajadores	11.00

i) La empresa ha pagado el patrocinio de una carrera de perros y trineos, por un valor de 4.000 €. Este evento se celebrará en el Pirineo catalán en el próximo año, concretamente el primer domingo de febrero.

j) La empresa ha concedido un préstamo a otra empresa para que ésta estudie un nuevo sistema de soldadura de componentes electrónicos. El préstamo que tendrá un vencimiento de tres años, es de 15.060 €.

Para este caso se propone la siguiente solución:

ACTIVO		PATRIMONIO NETO Y PASIVO	
ACTIVO NO CORRIENTE	612.468	PATRIMONIO NETO	515.328
Terrenos	84.000	Capital Social	149.328
Construcciones	336.000	Reservas	366.000
Maquinaria	255.000		
Mobiliario	42.000		
Instalaciones técnicas	55.000		
Equipos informáticos	60.250		
Elementos de transporte	132.530		
(A.A.I.M)	-352.312		
A.I. FINANCIERO	15.060	PASIVO NO CORRRIENTE	57.000
Préstamos concedidos	15.060	Préstamos hipotecarios	57.000
ACTIVO CORREIENTE	38.200	PASIVO CORRIENTE	93.400
Existencias materias primas	3.200	Proveedores	36.000
Existencias MP auxiliares	2.300	Acreedores	12.600
Existencias envases	1.100	Préstamos a corto plazo	19.000
Efectos comerc. impagados	7.600	Remuneraciones pte. pago	11.000
Gastos anticipados	4.000	HP acreedora IVA	9.500
Caja	7.300	HP acreedora IRPF	2.400
Bancos	12.700	O. Seguridad S. acreedores	2.900
TOTAL	665.728	TOTAL	665.728

4   La Cuenta de Resultados

La Cuenta de Resultados nos informa de la gestión económica de la empresa y muestra cuál ha sido el benefício o la pérdida registrada, en un período de tiempo. Aunque intuitivamente puede parecer que calcular el resultado es una cuestión fácil, en realidad es una magnitud compleja, sobre la que es preciso establecer una serie de consideraciones para permitir su análisis y homogeneizar su significado. La Cuenta de Resultados presenta el resumen de los dos resultados posibles que se pueden encontrar en una empresa:

o   Resultado de Explotación: es el obtenido a partir de los ingresos y gastos que son propios a la actividad a la que se dedica.

o   Resultado Financiero: es el obtenido por diferencia entre los ingresos y los gastos de carácter financiero (inversiones financieras, intereses, etc.)

El resultado total de una empresa será la suma de los dos resultados anteriores, y recibe el nombre de Resultado del Ejercicio. A pesar de que se denomina *cuenta*, no tiene la típica forma de cuenta (con debe y haber) sino que tiene forma de lista, es decir con un detalle en vertical, en forma de "cascada", colocando los ingresos con signo positivo y los gastos con signo negativo.

Resultado del Ejercicio = Resultado Explotación + Resultado Financiero

En el PGC de 1990 figuraba el Resultado Extraordinario que reflejaba los beneficios o pérdidas derivados de la enajenación o baja de algún elemento del inmovilizado inmaterial o material. En el PGC de 2007 la venta de inmovilizados se consideraba continuada y por tanto, al tratarse de un hecho de carácter ordinario, figuraba como resultado de explotación. Sin embargo para una gran empresa pueden existir resultados extraordinarios cuando se dan actividades interrumpidas, es decir cuando se produce la venta de toda una empresa y en consecuencia debe pararse la actividad.

Conviene advertir al lector que una cosa es el orden de las cuentas y otra cosa es la estructura de la Cuenta de Resultados. En este texto en primer lugar se explican las cuentas en el orden en que se presentan en el Plan General Contable y después se desarrollará la estructura formal.

4.1 Cuentas y subcuentas de resultados

4.1.1 Compras y gastos

Se trata de aprovisionamientos de mercaderías y demás bienes adquiridos por la empresa para revenderlos, bien sea para alterar su forma y sustancia, o previo sometimiento a procesos industriales o constructivos. Comprende también, todos los gastos del ejercicio, incluidas las adquisiciones de servicios y de materiales consumibles, la variación de existencias, otros gastos y las pérdidas del ejercicio

4.1.1.1 (60) Compras

En el subgrupo de compras se incluyen las cantidades satisfechas por la empresa y que se destinan al aprovisionamiento de mercaderías, materias primas, productos en curso, productos terminados, residuos y materiales recuperados. Algunas de las cuentas que integran este sugbrupo no necesitan explicación, debido a que pueden entenderse intuitivamente.

o   *(600) Compras de mercaderías*

o   *(601) Compras de materias primas*

o   *(606) Descuentos sobre compras por pronto pago*

Descuentos, bonificaciones y rebajas concedidas a los clientes por el pago adelantado de facturas. Puede considerarse como un coste financiero que ocasiona, el hecho de disponer de unos recursos monetarios antes de su vencimiento.

o   *(607) Trabajos realizados por otras empresas*

o   *(608) Devoluciones de compras y operaciones similares*

o   *(609) Rappels por compras*

Un rappel es una prima, bonificación, o descuento establecido por alcanzar un determinado volumen de pedidos. Por ejemplo, una empresa puede tener determinado y ofertado, que si un cliente llega a una cifra de compra de 15.000 euros, obtiene un descuento del 3%.

4.1.1.2 (61) Variación de existencias

Son aquellas cuentas destinadas a registrar, al cierre del ejercicio, las variaciones entre las existencias finales e iniciales, pueden ser de varios tipos:

o *(610) Variación de existencias de mercaderías*

o *(611) Variación de existencias de materias primas*

o *(612) Variación de existencias de otros aprovisionamientos*

4.1.1.3 (62) Servicios exteriores

En el subgrupo de servicios exteriores se contabilizan los gastos de distinta naturaleza que tienen en común su origen en operaciones realizadas por la empresa con terceros (que no formen parte de las compras propias de explotación, los bienes para inmovilizado o las inversiones financieras temporales).

o *(620) Gastos en investigación y desarrollo del ejercicio*

En esta cuenta se reflejarán los gastos de investigación y desarrollo por servicios encargados a otras personas o empresas, cuando de ellos no se ha derivado un producto o servicio acpetado por el mercado.

o *(621) Arrendamientos y cánones*

Se contabiliza como arrendamientos aquellas cantidades satisfechas a terceros por alquiler de bienes tanto muebles como inmuebles, en uso o a disposición de la empresa. Por otra parte, los cánones son aquellas cantidades fijas o variables que se satisfacen por el derecho al uso de un determinado recurso como puede ser el agua, o también, a la concesión de uso de las distintas manifestaciones de la propiedad industrial.

o *(622) Reparaciones y conservación*

Gastos en los que incurre la empresa para mantener en condiciones óptimas de trabajo los elementos que configuran el inmovilizado material de la misma, sin que estos elementos incremente sus prestaciones o utilidades.

o **(623) Servicios de profesionales independientes**

Importe que se satisface a los profesionales por los servicios prestados a la empresa, como por ejemplo, los honorarios de ingenieros, consultores, abogados, notarios, asesores de imagen o de publicidad, etc.

o **(624) Transportes y fletes**

Se entiende por flete el precio que se paga por el alquiler de cualquier medio de transporte: marítimo, aéreo o terrestre.

o **(625) Primas y seguros**

Representan los gastos correspondientes a las compañías aseguradoras, excepto las referidas al personal de la empresa. Conviene señalar que a las primas de seguros no se les aplica IVA.

o **(626) Servicios bancarios y similares**

Son aquellas cantidades satisfechas en concepto de servicios bancarios y similares, que no tengan la consideración de gastos financieros. Ejemplo, un gimnasio utiliza los servicios de una entidad financiera para el cobro informatizado de los recibos a sus clientes. El gimnasio se evita así el trabajo de contactar con sus clientes, acudiendo a su domicilio y en algunos casos consigue cobrar cuotas... sin que estos se den cuenta que pagan por un servicio que no utilizan.

o **(627) Publicidad propaganda y relaciones públicas**

Es el importe de los gastos satisfechos por los conceptos que indica la denominación de esta cuenta.

o **(628) Suministros**

Importe de los abastecimientos necesarios para el funcionamiento de la empresa y que no tienen la cualidad de ser almacenables, tales como el agua, el gas, la electricidad o el teléfono.

o **(629) Otros servicios**

Gastos de naturaleza diversa no comprendidos en los apartados anteriores.

4.1.1.4 (63) Tributos

Importe de los tributos pagados a organismos locales, regionales o estatales.

o *(630) Impuesto sobre beneficios*

o *(631) Otros tributos*

Forman parte de esta cuenta los impuestos de contribución urbana, las tasas de recogida de basuras, los impuestos de circulación de vehículos, etc.

4.1.1.5 (64) Gastos de personal

Para una empresa, los gastos de personal representan las retribuciones al personal que integra su plantilla, con independencia de su forma o concepto, así como las cuotas de la Seguridad Social a cargo de la empresa y otros gastos de naturaleza social. Las cuentas más relevantes de esta partida son:

o *(640) Sueldos y salarios*

A título de curiosidad lingüística *salario* se aplica preferentemente a los obreros manuales, que cobran por jornadas o semanas, mientras que el *sueldo* suele valorarse en mensualidades. Esta cuenta comprende las remuneraciones, fijas y eventuales, al personal de la empresa. Si el personal al que se retribuye no forma parte de la plantilla de la empresa, tales remuneraciones se registran en la cuenta *(623) Servicios de profesionales independientes*.

o *(641) Indemnizaciones*

Cantidades de dinero que se dan al personal de la empresa para resarcirle de un daño o perjuicio, como por ejemplo en caso de despido o jubilaciones anticipadas.

o *(642) Seguridad Social a cargo de la empresa*

Comprende las cuotas de la empresa a favor de los Organismos de la Seguridad Social por las diversas prestaciones que estos realizan.

o *(649) Otros gastos sociales*

En otros gastos sociales se incluirían conceptos como: transporte del personal, vestuario, patrocinio de actividades lúdicas y deportivas, subvenciones a economatos y comedores, becas de estudio, gastos de formación del personal, primas por contratos de seguros de vida, accidentes, enfermedad, etc. No incluyen las cuotas de la Seguridad Social.

4.1.1.6 (65) Otros gastos de gestión

El PGC define el contenido de este subgrupo como aquellos "gastos no comprendidos en otros subgrupos", como por ejemplo:

○ *(650) Pérdidas de créditos comerciales incobrables*

Recoge las pérdidas por insolvencias firmes de clientes y deudores.

○ *(659) Otras pérdidas de gestión corriente*

Registra las pérdidas que, perteneciendo a la gestión corriente de la empresa (no a la atípica o excepcional), no figuran en otras cuentas, como pueden ser por ejemplo, la regularización anual del utillaje y herramientas, es decir, su deterioro, robo o pérdida.

4.1.1.7 (66) Gastos financieros

Gastos inherentes a la financiación de las operaciones comerciales de la empresa o a las operaciones financieras necesarias para mantener o ampliar su estructura de Activo.

○ *(660) Gastos financieros por actualización de provisiones*

○ *(661) Intereses de obligaciones y bonos*

○ *(662) Intereses de deudas*

Intereses que ha de satisfacer la empresa como consecuencia del uso de recursos financieros externos recibidos en forma de préstamo, ya sean a largo o corto plazo.

○ *(665) Intereses por descuento de efectos y operaciones de factoring*

○ *(667) Pérdidas de créditos no comerciales*

○ *(668) Diferencias negativas de cambio*

El PGC define esta cuenta como "pérdidas producidas por modificaciones del tipo de cambio en partidas monetarias denominadas en moneda distinta a la funcional". El cargo a esta cuenta se producirá cuando se den de baja o venzan partidas en moneda extranjera y también cuando tales partidas hayan perdido valor, al cierre del ejercicio por la fluctuación del cambio de moneda.

o *(669) Otros gastos financieros*

Gastos financieros no comprendidos en apartados anteriores: intereses, comisiones y gastos por descuento de letras; gastos por formalización de avales, por transferencias o por cambio de moneda, etc.

4.1.1.8 (67) Pérdidas procedentes de activos no corrientes y gastos excepcionales

Se cargarán en esta cuenta las pérdidas que se originen en la enajenación de inmovilizados, o por la baja total o parcial en el inventario como consecuencia de depreciaciones irreversibles en dichos activos.

o *(670) Pérdidas procedentes de inmovilizado intangible*

Sería un ejemplo la pérdida que se originaría, por ejemplo, al dar de baja un programa informático que ha quedado obsoleto.

o *(671) Pérdidas procedentes de inmovilizado material*

Sería un ejemplo la pérdida que se originaría, por ejemplo, al dar de baja una máquina, que se ha vendido a un precio inferior a su valor contable.

o *(672) Pérdidas procedentes de inversiones inmobiliarias*

En este caso las pérdidas se originan en inmuebles que se poseen para obtener rentas, plusvalías o ambas.

o *(678) Gastos excepcionales*

Pérdidas y gastos de carácter excepcional y cuantía significativa que, atendiendo a su naturaleza, no deben incluirse en otras cuentas del grupo 6, como por ejemplo: inundaciones, sanciones, multas, incendios, etc. Se puede decir que equivale a la cuenta de Gastos Extraordinarios del PGC de 1990.

(68) Dotaciones para amortizaciones

En este subgrupo se cargan "la depreciación sistemática anual efectiva sufrida por el inmovilizado, por su aplicación al proceso productivo". Las cuentas que se incluyen en este subgrupo son: *(680) Dotación para la amortización del inmovilizado intangible, (681) Dotación amortización del inmovilizado material* y *(682) Dotación amortización de las inversiones inmobiliarias.*

(69) Pérdidas por deterioro y otras dotaciones

En este subgrupo se reflejarán las depreciaciones coyunturales por diferentes motivos, como, por ejemplo, una insolvencia transitoria de un cliente, en estos casos la pérdida de valor se considera reversible y entra en el concepto de gasto denominado "pérdida por deterioro", que permite que el balance refleje la imagen fiel de ese patrimonio depreciado, aunque con posibilidad de recuperación. Las cuentas que integran este subgrupo son: *(690) Pérdidas por deterioro del inmovilizado intangible, (691) Pérdidas por deterioro del inmovilizado material, (692) Pérdidas por deterioro de las inversiones inmobiliarias, (693) Pérdidas por deterioro de existencias, (694) Pérdidas por deterioro de créditos comerciales, (695) Dotación a la provisión para operaciones comerciales, (697) Pérdidas por deterioro de créditos a largo plazo, (699) Pérdidas por deterioro de créditos a corto plazo.*

4.1.2   Ventas e ingresos

El grupo de ventas e ingresos registra la enajenación de bienes y prestación de servicios que son objeto del tráfico de la empresa; comprende también otros ingresos, las variaciones de existencias y los beneficios del ejercicio. En el precio de venta se han de incluir los descuentos por pronto pago, que no se consideran descuentos financieros.

4.1.2.1   (70) Ventas de mercaderías, de producción propia, servicios, etc.

El PGC define el subgrupo 70 como "transacciones, con salida o entrega de los bienes o servicios objeto de tráfico comercial de la empresa, mediante precio". Se incluyen en este subgrupo las siguientes cuentas: *(700) Ventas de mercaderías, (701) Ventas de productos terminados, (702) Ventas de productos semiterminados, (703) Ventas de subproductos y residuos, (704) Ventas de envases y embalajes, (705) Prestaciones de servicios, (706) Descuentos sobre ventas por pronto pago, (708) Devoluciones de ventas y operaciones similares* y *(709) Rappels sobre ventas.*
De todas estas cuentas hay dos que merecen una consideración especial:

o   *(706) Descuentos sobre ventas por pronto pago*

Se incluyen en esta cuenta los descuentos, bonificaciones y rebajas concedidas a los clientes por el pago adelantado de las facturas. Puede considerarse como un coste financiero que ocasiona disponer de unos recursos monetarios antes de su vencimiento.

o   *(709) Rappels sobre ventas*

Descuentos y similares basados en haber alcanzado un determinado volumen de pedidos, por parte de los clientes. El objetivo perseguido es provocar un mayor volumen de compra y también una mayor fidelización por parte de los clientes.

4.1.2.2   (71) Variación de existencias

Dentro de este subgrupo se encuentran las cuentas destinadas a registrar, al cierre del ejercicio, las variaciones entre las existencias finales y las iniciales, correspondientes a los productos en curso, productos terminados, subproductos y residuos y materiales recuperados. Las variaciones de existencias figuran en la columna de ingresos si el valor del stock final ha aumentado respecto al inicial.

4.1.2.3   (73) Trabajos realizados para la empresa

El subgrupo de Trabajos realizados para la empresa refleja la contrapartida de los gastos realizados, por la empresa para su propio inmovilizado, utilizando sus equipos y su personal, que se activan. También se contabilizarán en esta cuenta, los realizados mediante encargo, por otras empresas con finalidad de investigación y desarrollo, así como los que correspondan para incluir determinados gastos en el Activo. En este subgrupo se incluyen las cuentas: *(730) Trabajos realizados para el inmovilizado intangible, (731) Trabajos realizados para el inmovilizado material, (732) Trabajos realizados en inversiones inmobiliarias y (733) Trabajos realizados para el inmovilizado material en curso.*

4.1.2.4   (74) Subvenciones, donaciones y legados

Son aquellas cantidades, no reintegrables, es decir recibidas a fondo perdido, por parte del Estado o de otras entidades públicas o privadas que, por lo general, tienen como fin asegurar una rentabilidad mínima o compensar "déficits" de explotación. En este último caso se excluirán las realizadas por los socios, empresas del grupo o asociados. Es necesario remarcar la característica de "a fondo perdido" (no reintegrables), porque sin ella pierde toda validez como un ingreso de explotación y pasaría a ser una obligación que se reflejaría en el Patrimonio Neto del Balance de Situación.

4.1.2.5   (75) Otros ingresos de gestión

Ingresos procedentes de la gestión de los recursos de la empresa, no comprendidos en otros subgrupos siempre que no tengan carácter financiero. Se consideran accesorios por no ser estrictamente los propios de la actividad empresarial, y por ejemplo, arrendamientos, ingreso de propiedad industrial cedida en explotación, comisiones, ingresos por servicios al personal o por servicios diversos (asesorías, reparaciones, etc.). Las cuentas que integran este subgrupo son: *(752) Ingresos por arrendamientos, (753) Ingresos de la propiedad industrial cedida en explotación, (754) Ingresos por comisiones, (755) Ingresos por servicios al personal* y *(759) Ingresos por servicios diversos.*

En los ingresos por servicios al personal se incluyen los derivados de comedores, seguros, transportes, viviendas, etc., facilitados por la empresa a su personal.

En los ingresos por servicios diversos se incluyen los originados por la prestación eventual de ciertos servicios a otras empresas o particulares, como por ejemplo, los de transporte, reparaciones, asesorías, informes, etc.

4.1.2.6 (76) Ingresos financieros

Ingresos originados por las operaciones financieras de la empresa. Las cuentas que integran este subgrupo son: *(761) Ingresos de valores representativos de deuda, (762) Ingresos de créditos, (768) Diferencias positivas de cambio, (769) Otros ingresos financieros.*

4.1.2.7 (77) Beneficios procedentes del inmovilizado e ingresos excepcionales

La naturaleza de este subgrupo es análoga a la expuesta en el subgrupo (67), pero para el caso que se den beneficios en lugar de pérdidas. Las cuentas que intervienen en este subgrupo son: *(770) Beneficios procedentes del inmovilizado intangible, (771) Beneficios procedentes del inmovilizado material, (772) Beneficios procedentes de inversiones inmobiliarias, (773) Subvenciones de capital traspasadas al resultado del ejercicio* y *(778) Ingresos excepcionales.*

4.1.2.8 (79) Excesos y aplicaciones de provisiones y de pérdidas por deterioro

En este subgrupo se incluyen las cuentas que se utilizan para efectuar las correcciones valorativas propias de cada caso. Estas cuentas son las siguientes: *(790) Reversión del deterioro del inmovilizado intangible, (791) Reversión del deterioro del inmovilizado material, (792) Reversión del deterioro de las inversiones inmobiliarias, (793) Reversión del deterioro de existencias, (794) Reversión del deterioro de créditos comerciales, (795) Exceso de provisiones, (797) Reversión del deterioro de créditos a largo plazo, (799) Reversión del deterioro de créditos a corto plazo.*

4.2   Formato de la Cuenta de Resultados (PYMES)

La Cuenta de Resultados tiene forma de lista:

CUENTAS	CONCEPTO	DEBE	HABER
700, 701, 702, 703, 704, 705, 706, 708, 709	1. Importe neto de la cifra de ventas		
6330, 71*, 7930	2. Variación de existencias de productos terminados y en curso		
73	3. Trabajos realizados por las empresas para su activo		
600, 601, 602, 606, 607, 608, 609, 61*, 6931, 6932, 6933, 7931, 7932, 7933	4. Aprovisionamientos		
740, 747, 75	5. Otros ingresos de explotación		
64	6. Gastos de personal		
62, 631, 634, 636, 639, 65, 694, 695, 794, 7954	7. Otros gastos de explotación		
68	8. Amortización del inmovilizado		
746	9. Imputación de subvenciones de inmovilizado no financiero		
7651, 7952, 7955	10. Exceso de provisiones		
670, 671, 672, 690, 691, 692, 770, 771, 772, 790, 791, 792	11. Deterioro y resultados por enajenaciones del inmovilizado		
A) RESULTADO DE EXPLOTACIÓN (1+2+3+4+5+6+7+8+9+10+11)			
760, 761, 762, 769	12. Ingresos financieros		
666, 667, 673, 675, 696	13. Gastos financieros		
663, 763	14. variación de valor razonable en instrumentos financieros		
668, 768	15. Diferencias de cambio		
670, 671, 672, 690, 691, 692, 770, 771, 772, 790, 791, 792	16. Deterioro y resultado por enajenación de instrumentos financieros		
B) RESULTADO FINANCIERO (12+13+14+15+16)			
C) RESULTADO ANTES DE IMPUESTOS (A+B)			
9300*, 6301*, 633, 638	17. Impuestos sobre beneficios		
D) RESULTADO DEL EJERCICIO (C+17)			

* Su signo puede ser positivo o negativo.

4.3   Ejemplo de realización de una Cuenta de Resultados

Con este ejemplo se pretende calcular el resultado de una empresa que proporciona la información que se facilita a continuación:

o   Se han realizado reparaciones por valor de 7.800 €.

o   Se ha vendido por 8.000 € unas acciones de tipo político fruto de una alianza estratégica que costaron 6.000 €.

o   Se han comprado acciones por valor de 3.000 €.

o   Los gastos generales ascienden a 3.600 €.

o   Los efectos comerciales impagados ascienden a 4.000 €.

o   Las ventas realizadas durante el ejercicio ascienden a 315.000 €.

o   Se ha vendido por 7.000 € un vehículo que costó 12.000 €.

o   Se ha concedido descuentos por pronto pago por valor de 3.250 €.

o   El alquiler del local ocupado por la empresa asciende a 8.000 €.

o   El valor inicial de las existencias de mercaderías era de 32.000 €.

o   El valor final de las existencias de mercaderías es de 390.000 €

o   Los seguros sociales a cargo de la empresa ascienden a 14.000 €.

o   Las remuneraciones pendientes de pago al personal de la empresa ascienden a 1.450 €.

o   La cantidad que se adeuda a los proveedores al final del ejercicio asciende a 38.000 €.

o   Se ha vendido por 50.000 € un terreno que costó 40.000 €.

o   Los gastos en concepto de suministros ascienden a 2.400 €.

o   La cantidad adeudada por los clientes al cerrar el ejercicio asciende a 41.000 €.

o   El banco ha cargado 600 € en concepto de intereses y comisiones.

o El importe de las facturas por compras realizadas a los proveedores asciende a 184.000 €.

o Se ha pagado 40.000 € en concepto de tributos.

o La empresa tiene alquilado un local de su propiedad que le reporta 4.500 €.

o La deuda con la Hacienda Pública asciende a 320.000 €.

o Se ha ingresado 8.000 € en concepto de comisiones por haber mediado en una operación realizada por uno de los clientes de la empresa.

o Los préstamos pendientes de devolución ascienden a 20.000 €.

o Los intereses de los préstamos pendientes de devolución ascienden a 2.300 €.

o Las liquidaciones a los comisionistas ascienden a 15.000 €.

o El valor de la maquinaria es de 27.000 €.

o La empresa posee acciones por valor de 23.500 €.

o Se ha cobrado 6.000 € por el traspaso de un local por el que en su día se pagó 2.000 €.

o El dinero en efectivo guardado en la caja de la empresa y el saldo de las cuentas bancarias ascienden a 7.900 €.

o Se han realizado transportes por valor de 6.700 €.

o Los dividendos producidos por las acciones propiedad de la empresa ascienden a 1.900 €.

o Se ha pagado 1.000 € en concepto de gastos sociales diversos.

o Se ha recibido 500 € de un cliente en concepto de anticipo, por un encargo bajo pedido.

o Las primas de seguros ascienden a 800 €.

o La nómina del personal asciende a 91.300 €.

o Se ha obtenido 1.450 € de los proveedores en concepto de descuento sobre compras por pronto pago.

o Un vehículo que costó 14.000 € ha sufrido un accidente y se ha entregado al desguace.

Inicialmente es necesario diferenciar los elementos que inciden en la Cuenta de Resultados de los que inciden en el Balance de Situación, siendo evidente que los Elementos Patrimoniales en ningún caso pueden figurar como Resultados. En primer lugar se procede a eliminar estas partidas.

Bienes y derechos:

o Se ha comprado acciones por valor de 3.000 €.

o Los efectos comerciales impagados ascienden a 4.000 €.

o La cantidad adeudada por los clientes al cerrar el ejercicio asciende a 41.000 €.

o El valor de la maquinaria es de 27.000 €.

o La empresa posee acciones por valor de 23.500 €.

o El dinero en efectivo guardado en la caja de la empresa y el saldo de las cuentas bancarias ascienden a 7.900 €.

Obligaciones:

o Las remuneraciones pendientes de pago al personal de la empresa ascienden a 1.450 €.

o La cantidad que se adeuda a los proveedores al final del ejercicio asciende a 38.000 €.

o La deuda con la Hacienda Pública asciende a 320.000 €.

o Los préstamos pendientes de devolución ascienden a 20.000 €.

o Se ha recibido 500 € de un cliente en concepto de anticipo, por un encargo bajo pedido.

Las demás partidas deben situarse en la Cuenta de Resultados tal como se propone a continuación:

CUENTAS	CONCEPTO	DEBE	HABER
700, 701, 702, 703, 704, 705, 706, 708, 709	*1. Importe neto de la cifra de ventas* Ventas Descuentos sobre ventas por pronto pago		315.000 - 3.250
6330, 71*, 7930	*2. Variación de existencias de productos terminados y en curso*		358.000
73	*3. Trabajos realizados por las empresas para su activo*		
600, 601, 602, 606, 607, 608, 609, 61*, 6931, 6932, 6933, 7931, 7932, 7933	*4. Aprovisionamientos* Compras Descuentos sobre compras por pronto pago	184.000 - 1.450	
740, 747, 75	*5. Otros ingresos de explotación* (752) Arrendamientos (754) Comisiones		4.500 8.000
64	*6. Gastos de personal* Sueldos y Salarios Seguridad Social Otros gastos sociales	91.300 14.000 1.000	
62, 631, 634, 636, 639, 65, 694, 695, 794, 7954	*7. Otros gastos de explotación* Arrendamientos Reparación y conservación Servicio de profesiones independientes Transportes Primas de seguros Suministros Otros servicios Tributos	8.000 7.800 15.000 6.700 800 2.400 3.600 40.000	
68	*8. Amortización del inmovilizado*		
746	*9. Imputación de subvenciones de inmovilizado no financiero*		
7651, 7952, 7955	*10. Exceso de provisiones*		
670, 671, 672, 690, 691, 692, 770, 771, 772, 790, 791, 792	*11. Deterioro y resultados por enajenaciones del inmovilizado* Pérdidas del Inmovilizado Material Pérdidas del Inmovilizado Material Beneficios del Inmovilizado Intangible Beneficios del Inmovilizado Material	14.000 5.000	4.000 10.000
A) RESULTADO DE EXPLOTACIÓN (1+2+3+4+5+6+7+8+9+10+11)		309.100	
760, 761, 762, 769	*12. Ingresos financieros* Beneficio en valores		1.900
666, 667, 673, 675, 696	*13. Gastos financieros* Intereses de préstamos Otros gastos financieros	2.300 600	
663, 763	*14. variación de valor razonable en*		

	instrumentos financieros		
668, 768	*15. Diferencias de cambio*		
670, 671, 672, 690, 691, 692, 770, 771, 772, 790, 791, 792	*16. Deterior y resultado por enajenación de instrumentos financieros* Resultado por venta de acciones		2.000
B) RESULTADO FINANCIERO (12+13+14+15+16)			1.000
C) RESULTADO ANTES DE IMPUESTOS (A+B)		308.100	
9300*, 6301*, 633, 638	17. Impuestos sobre beneficios	- 107.835	
D) RESULTADO DEL EJERCICIO (C+17)		200.265	

* Se ha considerado una tasa del Impuesto de Sociedades del 35%.

5   La amortización del inmovilizado

5.1   El concepto de la amortización

Se entiende por amortización la representación contable de la depreciación monetaria que en el transcurso del tiempo sufren los activos inmovilizados (material e inmaterial) por aplicación al proceso productivo, que tengan para la empresa una vida útil superior a un período contable, siendo esta la condición necesaria para que se pueda amortizar. Así pues, el concepto de amortización puede representarse de la siguiente manera:

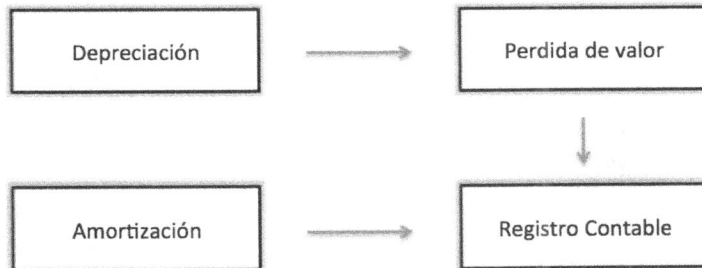

```
┌─────────────────┐              ┌─────────────────┐
│  Depreciación   │ ─────────→   │ Perdida de valor│
└─────────────────┘              └─────────────────┘
                                          │
                                          ↓
┌─────────────────┐              ┌─────────────────┐
│  Amortización   │ ─────────→   │ Registro Contable│
└─────────────────┘              └─────────────────┘
```

Conviene observar que si los ejercicios económicos fueran suficientemente largos, las cargas periódicas de amortización desaparecerían y serían sustituidas por un gasto corriente único, equivalente al desembolso total inicial. Análogamente, si los ejercicios económicos fueran inferiores a un año (varias semanas), la mayoría de los desembolsos por gastos, serían considerados como activos amortizables.

Si se valoran los activos no corrientes a su precio de adquisición, parece lógico que a éstos se les considere un gasto a repartir entre cada uno de los años que constituyen su vida útil. La amortización es un coste real, pero no representa un desembolso monetario anual.

La amortización tiene la finalidad de mantener en la empresa los recursos necesarios y la capacidad productiva y de servicio para evitar que ésta se empobrezca, es decir, se descapitalice. Las amortizaciones, además de ser un elemento fundamental en el cálculo del resultado, interesan por su carácter de *escudo fiscal* que se incorporan como cualquier otro gasto deducible. A mayor amortización, menor será el beneficio contable y consiguientemente los pagos de impuestos serán también menores.

En muchos casos, al final del horizonte de vida de la inversión podrá haber activos no totalmente amortizados que tendrán un cierto valor residual. Naturalmente este valor residual no tiene por qué coincidir con el real de enajenación o venta.

Para que intuitivamente resulte más fácil entender el concepto de amortización se introduce el cuento del taxista que ahora es repartidor de pizzas.

Había una vez un emprendedor que cansado de trabajar para otros y preso de un deseo de independencia decidió ser emprendedor y se convirtió en: taxista. Este hombre se dirigió a una entidad financiera que le prestó 10.000 euros mediante un préstamo a largo plazo. Como este cuento no pretende ser diferente a todos los demás, también aparece una simpática abuelita que le prestó al protagonista de la historia 10.000 euros, de manera que éste contó con 20.000 euros, para la adquisición de un flamante vehículo.

El taxista tenía una buena esposa y dos hijos. Sus ingresos anuales le permitieron durante los cinco años siguientes a la puesta en marcha de la empresa del taxi, hacer frente al reembolso del préstamo bancario, pagar todas sus facturas, el material escolar, la hipoteca de su piso, los médicos y el dentista, las multas, los impuestos y también disfrutar de lindas vacaciones. Pero hoy, cinco años después del inicio de la actividad empresarial, el taxista recuerda un hecho muy triste: la muerte de su abuelita (generalmente en los cuentos las abuelitas acaban mal).

También se ha dado cuenta de que su vehículo ha visto reducida su capacidad operativa o de prestar servicio. Por este motivo, pierde clientes y el valor del automóvil es solamente de 1.000 euros.

Ahora que ha llegado el momento de adquirir un vehículo nuevo, se da cuenta de que carece del dinero necesario, ya que su inversión inicial no ha sido recuperada de los ingresos generados, y desgraciadamente su abuelita falleció.

Es evidente que el taxista debería haber *amortizado* el valor del coche durante su vida útil. Esto le hubiera permitido establecer el beneficio real del período y, además presentar el capital consumido como un gasto en su declaración de impuestos. Ahora el taxista ha tenido que convertirse en repartidor de pizzas a domicilio.

Este sencillo ejemplo pone de manifiesto los aspectos fundamentales de la amortización:

a) La amortización es un coste real, pero no representa un desembolso monetario anual.

b) La amortización tiene la finalidad de mantener en la empresa los recursos necesarios y la capacidad productiva y de servicio para evitar que ésta se empobrezca, es decir, se descapitalice.

5.1.1 Causas de la depreciación

Se ha definido la amortización como la representación contable de la depreciación que sufren los activos inmovilizados. Las causas de la depreciación se clasifican en: legales, tecnológicas o funcionales, económicas y de agotamiento.

5.1.1.1 Causas legales

Cuando jurídicamente la ley limita el tiempo de uso o disfrute de un determinado bien o derecho, al final de dicho tiempo el valor del elemento pasa automáticamente a ser nulo. Por ejemplo, todo bien patentado se convierte en un bien público al cabo de 20 años, al cabo de los cuales su valor patrimonial pasa a ser nulo para los propietarios. En otras palabras, cada año una patente pierde una veinteava parte de su valor, y al final del año veinte el valor contable será cero.

5.1.1.2 Causas tecnológicas o funcionales

Todo elemento patrimonial, debido a sus características, sufre una depreciación por motivos como:

1. El *desgaste* provocado por el funcionamiento periódico o el simple paso del tiempo.
2. La *limitación técnica* del uso, por ejemplo, en el caso de una máquina que está concebida para producir un *millón de unidades*.

La depreciación funcional aparece cuando el esfuerzo solicitado a un activo sobrepasa su capacidad de diseño. Por ejemplo, una instalación de calefacción central es incapaz de hacer frente al aumento de demanda de calor a causa de la conexión de un edificio adicional. En estas condiciones, deja de ser útil para realizar la función pretendida.

5.1.1.3 Causas económicas

Estas causas son inherentes a la evolución del entorno y hacen que un determinado elemento patrimonial tenga un período de vida limitado. A continuación vamos a citar las tres más significativas:

a) *La obsolescencia*. Ello ocurre cuando aparecen nuevos equipos que realizan la misma función a un coste inferior. Una empresa para seguir siendo competitiva debe sustituir el equipo anticuado por el de reciente aparición. Este fenómeno tiene como exponente claro los equipos de informática.

b) *Los cambios de hábitos de consumo* que provocan la disminución de la demanda de ciertos productos, con lo que, la maquinaria especializada en su fabricación pierde toda su utilidad. Así pues, se puede hablar de un envejecimiento de tipo sociológico como causa de depreciación debido a los cambios en las modas que conllevan la obsolescencia de ciertos elementos de inmovilizado antes de que se desgasten por su uso.

c) *Las economías externas.* Si se supone el caso de una explotación agraria regada con agua procedente de unos pozos. En las proximidades de esta finca se construye un pantano, capaz de satisfacer las necesidades de riego. Si el riego con agua de pozo resulta ahora más caro, las instalaciones de bombeo de agua de los pozos existentes experimentan una depreciación, como consecuencia directa de una economía externa generada por el pantano.

5.1.1.4 Causas de agotamiento

El consumo, para la producción de bienes o servicios, de un recurso natural no renovable se llama "agotamiento". La extracción de petróleo, madera, o minerales de su localización original disminuye el valor de ésta. Este decrecimiento se tiene en cuenta mediante una reducción proporcional de las ganancias derivadas de este recurso. Teóricamente, la cuota de depreciación por unidad de recursos extraídos, (tasa de agotamiento) es el cociente entre el valor actual del recurso y las unidades que quedan de dicho recurso.

Tasa de agotamiento = Valor actual del recurso/Unidades que quedan del recurso

La cuota de agotamiento varía según el tipo de recurso. En Estados Unidos, por ejemplo, se conceden las máximas cuotas de agotamiento, teóricamente, para los recursos que requieren los mayores gastos de descubrimiento y desarrollo.

5.1.2 Elementos amortizables

Tal como se ha visto anteriormente, la amortización sólo afecta a los elementos del activo no corriente y debe realizarse a partir de la fecha en que están aptos para entrar en funcionamiento. En este sentido, un hotel se amortizará a partir de la primera pernoctación de un cliente. Así pues, contablemente las construcciones o instalaciones en curso no se amortizan.

Todos los elementos del Inmovilizado Material se amortizan a excepción de los terrenos, ya que éstos no se deprecian por ninguna de las causas mencionadas anteriormente. Por este motivo, cuando se procede al cálculo de la depreciación de un edificio, el valor del terreno sobre el cual esté edificado no debe amortizarse.

Cuando se desconoce el valor correspondiente al terreno, como puede ocurrir en caso de una compra conjunta de la finca con su edificio, hay que repartir el importe total de la adquisición en función de los valores catastrales asignados en el momento de la compra. Así por ejemplo, si una empresa compra por 400.000 euros una finca de 1.000 m^2. El catastro urbano del ayuntamiento del municipio correspondiente, ha asignado un 20% del valor catastral al terreno y el resto pertenece a la edificación. Por tanto el valor asignable al terreno es de 80.000 euros (400.000 *0,2). Esta empresa sólo amortizará los 320.000 euros, que corresponden al valor del edificio.

El carácter amortizable de los elementos del inmovilizado inmaterial debe ir unido al hecho de que el disfrute del derecho tenga una vigencia temporal limitada, sin posibilidad de prórrogas sucesivas. Los elementos del inmovilizado inmaterial se amortizan a partir de la fecha de adquisición. En el caso de las patentes, por ejemplo, ya hemos comentado que la ley establece su derecho de uso por un tiempo limitado, al final del cual dicha patente pasa a ser de uso público, por lo que su valor patrimonial en ese momento es nulo. En el caso de los Derechos de Traspaso está claro que si el contrato de arrendamiento es por un período limitado, al final del mismo la inversión realizada carece de valor, ya que el arrendatario ya no posee el derecho de uso, por lo que es lógico que dicho valor sea amortizado a medida que transcurra el período por el cual ha sido arrendado. Si este contrato, fuera por tiempo ilimitado se podría considerar que el derecho de traspaso de dicho local se mantiene de forma indefinida, por lo que siempre existe la posibilidad de recuperar la inversión realizada ejerciendo dicho derecho de traspaso.

Los elementos que configuran el inmovilizado financiero no se amortizan nunca, dado que, con el paso del tiempo, no se produce ninguna depreciación. En todo caso, se puede generar un beneficio o una pérdida en el momento de su venta.

5.2 Política de amortización

Los factores que definen una política de amortización son: la base de la amortización, la vida útil, el valor residual y el método de amortización.

- **Base de la amortización** es igual al precio de adquisición en el cual se incluyen los gastos adicionales de instalación y puesta en condiciones de trabajo. Este punto es discutido por aquellos que afirman que en lugar de tomar como límite el valor de adquisición, se debería tomar el precio de mercado (valor de reposición), entendiendo como tal el precio que constaría adquirir, cuando se realizase la compra, dicho elemento.

Los gastos financieros soportados por la empresa para adquirir el inmovilizado, por la parte devengada en el tiempo transcurrido entre la adquisición y su puesta en condiciones de funcionamiento, pueden activarse como un mayor precio de adquisición. Si el tiempo transcurrido entre la adquisición y la entrada en funcionamiento supera el año, tal activación será obligatoria.

- **Vida útil.** Todo elemento patrimonial ha de ser amortizado dentro de unos límites de tiempo, conocido como vida útil, que es el lapso de tiempo durante el cual se espera obtener rendimiento económico del elemento en cuestión. Se considera como **vida útil** la menor de las tres vidas siguientes: la vida física o mecánica, la vida técnica o la vida comercial.

- **Valor residual** del inmovilizado o valor al final de su vida útil, que frecuentemente se estima nulo. También recibe a veces el nombre de valor de desecho o rescate.

- **Métodos de amortización.** Aunque este punto se desarrolla en un apartado posterior, cabe mencionar que una vez elegido un método de amortización, para un elemento patrimonial éste ha de mantenerse a lo largo de su vida útil.

No puede olvidarse que el concepto económico de depreciación para la empresa tiene poco que ver, con frecuencia, con la amortización fiscal. En general, a una empresa con beneficios normales le interesará, desde el punto de vista fiscal, amortizar en el menor plazo posible con el fin de reducir su cifra de beneficios y diferir el pago de impuestos.

Es necesario señalar que las cifras se amortización no son objetivas, sino que se basan en una serie de previsiones y estimaciones más o menos afortunadas, dentro del marco jurídico en vigor, con frecuencia bastante rígido. Las tablas legales de coeficientes anuales de amortización y las normas para su aplicación figuran en la Orden Ministerial del Ministerio de Economía y Hacienda de 12 de mayo de 1993 (BOE del 20 de mayo).

Una vez conocidos los distintos factores de una política de amortización se profundiza en los distintos métodos existentes para llevarla a cabo.

5.3   Métodos de amortización

Existen dos tipos generales de métodos de amortización: teóricos y fiscales. Los métodos teóricos de amortización tienen como objetivo el cálculo de la depreciación real que sufren los elementos que se amortizan.   Posteriormente analizaremos los métodos fiscales de amortización, que son los validados por el Ministerio de Economía y Hacienda. Los resultados obtenidos por unos y otros métodos no tienen porque coincidir.

A la hora de elegir el sistema de amortización a utilizar es necesario tener en cuenta que los gastos asociados al mantenimiento del inmovilizado suelen seguir una tendencia ascendente con el paso del tiempo, por lo que el uso de cuotas de amortización decrecientes permitirán compensar los aumentos en dichos gastos y, en consecuencia, mantener los costes asociados al inmovilizado en un nivel relativamente constante. Además, los sistemas de amortización decreciente tienen como ventaja que permiten hacer frente al factor de depreciación más importante, el progreso tecnológico, ya que hacen posible la sustitución de los equipos con mayor celeridad.

No obstante, la elección no sólo dependerá de las características físicas y tecnológicas del elemento a amortizar, sino que, además, deben de considerarse las características y actividad de la empresa, el uso dado al bien, su ubicación, etc.

Un problema que se suele presentar es la existencia de ciertos activos que, a su vez, están compuestos por otros elementos[10] que, aunque trabajan de forma conjunta, tienen diferentes características (distinta vida útil, distinto desarrollo tecnológico, etc.) y que, además, no se ven afectadas de igual forma por el funcionamiento de la instalación global (unos elementos son más sensibles que otros a las variaciones en la velocidad de funcionamiento, ritmo de trabajo, etc.). En estos casos, puede determinarse una tasa de amortización colectiva referida al conjunto de la instalación a partir de la depreciación individual de cada elemento (o grupo de elementos) que compone el inmovilizado, con las dificultades derivadas de la necesidad de considerar las particularidades de los distintos componentes, aunque también podría utilizarse, en virtud del principio de importancia relativa, una tasa de amortización global estimada.

Finalmente, también presenta problemas el cálculo de la amortización de elementos que experimentan distintos coeficientes de rendimiento a lo largo de su vida útil. En estos casos, es necesario calcular la cuota de amortización por hora homogénea (dividiendo el valor a amortizar

---

[10] Por ejemplo, una gran máquina compuesta por tuberías de conducción, motores, calderas de vapor, aparatos trituradores…

entre las horas homogéneas trabajadas[11]) en función del cual se determinará el coste total de amortización, que se dividirá entre el número de horas efectivamente trabajadas para determinar el coste de amortización por hora efectiva.

5.3.1 *Métodos teóricos de amortización*

Los métodos teóricos de amortización comúnmente aplicados, son los siguientes:

1. Método de amortización lineal, uniforme o constante.
2. Método de los saldos decrecientes.
3. Método de amortización técnico-funcional (amortización variable).

5.3.1.1 *Método de amortización teórico lineal, uniforme o constante*

El método de amortización teórico lineal, uniforme o constante es apropiado cuando el elemento del inmovilizado proporciona unas prestaciones iguales, durante cada uno de los años de su vida útil. La cuota fija anual de amortización se determina según la expresión matemática siguiente:

$$Cuota \quad anual = \frac{Valor \quad de \quad adquisición - Valor \quad residual}{Número \quad de \quad años \quad de \quad vida \quad útil}$$

Así, para un elemento cuya vida útil se estima en cinco años, si se considera nulo el valor residual, el coeficiente anual de amortización será igual al 20%.

5.3.1.2 *Método de amortización teórico de los saldos decrecientes*

Cuando se aplica el método de amortización teórico de los saldos decrecientes, se considera, por ejemplo que, cada año se produce una depreciación del 40% del valor del inmovilizado. Esto representa que la dotación anual de amortización es del 40%.

---

[11] La noción de hora homogénea es el resultado de homogeneizar las horas de actividad desarrolladas por el activo en un período multiplicándolas por el coeficiente de rendimiento del mismo correspondiente a ese período o tramo de actividad.

Saldos decrecientes (40%)	
Valor contable a 31 de diciembre	Amortización anual
1.000	-
600	400
360	240
216	144
130	86
78	52
	922

El valor residual es de 78 euros (valor contable al final de la vida útil). En el método de saldos decrecientes es frecuente pasar a amortización uniforme en los últimos años de vida útil del inmovilizado, de modo que, al final del período predeterminado esté totalmente amortizado y el valor residual será nulo.

5.3.1.3 Método de amortización teórico técnico-funcional

Con el método de amortización técnico-funcional, las cuotas de amortización anuales se determinan en función del nivel de actividad del elemento, esto quiere decir que a mayor actividad del elemento, mayor depreciación. En consecuencia, la cuota de amortización aumenta de forma proporcional con la actividad. Dicha actividad se puede medir en horas de funcionamiento (en el caso de instalaciones), unidades producidas (en el caso de máquinas) o kilómetros recorridos (en el caso de elementos de transporte). La cuota de amortización por unidad de actividad vendrá dada por la expresión:

$$Cuota \quad Hora/Unidad/Km = \frac{Valor \quad de \quad adquisición \quad inicial - Valor \quad residual}{Total \quad Horas/Unidades/Km \quad de \quad vida \quad útil}$$

Es obvio que, aplicando este método, la cuota anual varía cada año en función del nivel de actividad registrado.

Como ejemplo se toma el caso de una empresa dedicada a la producción de piezas de mármol y granito para la construcción, que en un momento dado adquiere una pulidora. El coste de la máquina (incluyendo el de su instalación) es de 300.000 euros. El proveedor garantiza una vida útil para la pulidora de 5.000 horas. La empresa estimó que el tiempo de utilización será de 1.500 horas el primer año, 1.300 horas el segundo, 1.200 horas el tercero y 1.000 el cuarto.

Para determinar las cuotas de amortización anual según el método técnico funcional, se calcula en primer lugar, la tasa de amortización por hora que vendrá dada por la expresión siguiente:

Amortización por hora 300.000 euros/5.000 horas = 60 euros/h.

La tabla siguiente refleja la aplicación de la política de amortización, basada en la previsión de las horas de utilización de la pulidora, para los próximos cuatro años. La columna del valor de la depreciación indica las cuotas de amortización.

Año	Horas	Tasa horaria (€/hr)	Valoración de la depreciación (€)
1	1.500	60	90.000
2	1.300	60	78.000
3	1.200	60	72.000
4	1.000	60	60.000

5.3.2 Métodos fiscales de amortización

Las normas fiscales establecen una serie de limitaciones para considerar una dotación a la amortización como fiscalmente deducible. Esto es lógico porque la amortización incide directamente sobre el resultado de la empresa que es la base del impuesto de sociedades. Como consecuencia de ello, la Hacienda Pública establece los métodos de amortización aceptados fiscalmente.

5.3.2.1 Método fiscal de amortización lineal por Tablas

Como cualquier método lineal, se considera que la cuota anual de amortización es constante a lo largo de la vida útil del elemento que se amortiza. La diferencia respecto al caso estudiado anteriormente es que, ahora no corresponde a la empresa decidir cuál es la vida útil asignada al elemento a amortizar ya que la Administración Pública establece el porcentaje anual, máximo y mínimo, a aplicar o la vida útil asignada a cada elemento. La legislación vigente establece una tabla de coeficientes anuales de amortización aplicables a los elementos del Activo no Corriente. La estructura de la tabla se ajusta a la clasificación que de los diversos sectores económicos se efectúa en el impuesto sobre Actividades Económicas y consta de 10 divisiones por sectores y un apartado destinado a elementos comunes, quedando configurada de la siguiente manera:

División 0	Agricultura, Ganadería y Pesca
División 1	Energía y Agua
División 2	Extracción y transformación de minerales no energéticos y productos derivados
División 3	Industrias transformadoras de los metales
División 4	Otras industrias manufactureras
División 5	Construcción
División 6	Comercio, hostelería y restaurante. Reparaciones
División 7	Transportes y comunicaciones
División 8	Instituciones financieras, seguros, servicios prestados a las empresas y alquileres
División 9	Otros servicios
Elementos comunes	

Instrucciones para la Aplicación de la Tabla de Amortización:

Primera. Los elementos se amortizarán en función de los coeficientes fijados para los mismos en su correspondiente grupo o, en caso de no existir éste, agrupación de actividad. Los coeficientes mínimos se expresan en las tablas por el período máximo dentro del cual habrá de amortizarse totalmente cada elemento.

Segunda. Los elementos calificados de comunes se amortizarán de acuerdo con los coeficientes establecidos para los mismos, salvo que figuren específicamente en su correspondiente grupo o, en caso de no existir éste, agrupación de actividad, en cuyo caso se aplicarán los de dicho grupo o agrupación.

Tercera. Cuando un elemento amortizable no tuviere fijado específicamente un coeficiente de amortización en su correspondiente grupo o, en caso de no existir éste, agrupación de actividad, sin que pueda ser calificado entre los comunes, el sujeto pasivo aplicará el coeficiente de las tablas del elemento que figure en las mismas y que más se asimile a aquel elemento. En su defecto el coeficiente máximo de amortización aplicable será del 10 por 100 y el período máximo de veinte años.

Cuarta. Se entiende que los coeficientes han sido establecidos tomando en consideración que los elementos se utilizan durante un turno de trabajo, excepto que por su naturaleza técnica deban ser utilizados de forma continuada.

Quinta. En el caso de la adquisición de elementos usados, se prevé que tendrán una vida útil inferior a la establecida en las tablas oficiales. En este caso se trata de una variación y los activos podrán amortizarse según uno de los siguientes sistemas:

- Aplicando sobre el valor de adquisición el doble del coeficiente de amortización máximo según tablas.
- Aplicando el coeficiente de amortización máximo según las tablas sobre el precio de adquisición originario, es decir el que tuvo cuando se adquirió por primera vez (si se conoce).

A continuación se plantea un ejemplo. Un restaurante adquiere una mantelería, ¿qué dicen las tablas en relación a esto? En primer lugar, el lector podría pensar si la mantelería en un restaurante representa un activo inmovilizado material, es decir si tiene una vida superior a un ejercicio contable. Si se consultan las tablas en la División 6 se encuentra la clase "Comercio, hostelería y restaurantes. Reparaciones". En la Agrupación 62, punto 6 "Lencería en general, vajilla y cubertería", figura el coeficiente máximo en % que es 25 y el período máximo en años que es 8. Esto quiere decir que el período de amortización va de 4 a 8 años según las Tablas. La dirección deberá decidir qué es lo que más le conviene. Dejamos para el lector la investigación para ver si existe en el mercado un detergente que permita cumplir con las Tablas de los Coeficientes Anuales de Amortización.

5.3.2.2 Método de amortización variable

Este método consiste en amortizar cada año una cuota variable, por considerar que el elemento se deprecia unos años más que otros, aunque ello no responda a un cambio de volumen de la actividad. En general, en los primeros años de vida del inmovilizado, las amortizaciones son mayores. Para determinar la cuota de amortización anual hay que establecer los porcentajes de depreciación a lo largo de toda la vida útil del elemento. Para que un método de amortización variable pueda ser aplicado debe ser especialmente autorizado por la Administración Pública.

Las condiciones generales que debe cumplir un elemento para que pueda ser amortizado mediante un método variable son los siguientes:

1. Su vida útil según las tablas fiscales ha de ser mayor o igual a tres años.
2. El elemento ha de ser de nueva adquisición o haber sido construido por la empresa para su propio inmovilizado.

3. Ha de tratarse de alguno de los siguientes inmovilizados materiales: Maquinaria e instalaciones industriales o agrícolas, elementos de transporte (excepto los de transporte de personal), equipos de informática, producciones cinematográficas o fonográficas, instalaciones hoteleras.

4. En ningún caso puede aplicarse a los siguientes bienes: Activos del Inmovilizado Inmaterial, edificios, instalaciones de tipo administrativo o comercial, material de oficina o mobiliario.

5.3.2.3 *Amortización acelerada*

Estima que el inmovilizado se devalúa más en sus primeros años de vida y, por tanto, considera que en estos años hay unos gastos de amortización mayores. Las cuotas anuales de amortización no son constantes, sino que disminuyen en una cantidad fija todos los años.

Matemáticamente, si llamamos **C** a la cantidad a amortizar, **p** al porcentaje fijo de decremento anual, **n** al número de años de amortización y **t** al tanto por uno a aplicar el primer año, tenemos:

$$C = Ct + C(t - p) + C(t - 2p) + ... + C(t(n-1)p)$$

Donde cada sumando expresa la cuota de amortización de cada uno de los años, Ct correspondería al primer año, C(t-p) a la del segundo, C(t-2p) a la del tercer año y así sucesivamente. Dado que el segundo miembro de la expresión anterior es la suma de los términos de una progresión aritmética de razón p, se obtienen a las expresiones siguientes:

$$p = \frac{2nt - 2}{n^2 - n}$$

o lo que es igual,

$$t = \frac{p(n-1)n + 2}{2n}$$

que relacionan n, p y t. Fijadas dos de estas variables, las expresiones anteriores permiten obtener la restante.

Por ejemplo, sea el caso de considerar la política de amortización de un determinado utillaje de un proceso productivo. Se considera un horizonte temporal de cinco años y un porcentaje fijo de decremento del 5 por 100. Esto quiere decir que se estima que la depreciación anual variará en un 5%. En estas condiciones, el tanto por uno a aplicar el primer año sería:

$$t = \frac{(0,05)(5)(4) + 2}{2(5)}$$

esto es,

$$t = \frac{3}{10} = 0,3$$

de modo que los coeficientes de amortización (C.A.) anuales se reflejan en la tabla siguiente, donde el primer año se amortiza un 30%, el segundo un 25% (30 – 5), y así sucesivamente para los cinco años de vida útil.

	C.A
Primer año	0,30
Segundo año	0,25
Tercer año	0,20
Cuarto año	0,15
Quinto año	0,10
TOTAL	1,00

Un caso particular del método de amortización a porcentaje decreciente es el de los números dígitos (muy utilizado en Estados Unidos *"sum of years digits"*). Consiste en tomar siempre como porcentaje de decremento anual la suma de los números dígitos de los **n** años de amortización. En este método, los coeficientes de amortización son proporcionales a la serie de números naturales. A continuación se expone de forma ordenada y detallada los pasos para su cálculo y aplicación.

1. Se consultan las tablas de amortización superior e inferior de vida útil que se estima para dicho elemento, según la actividad de la empresa. Teniendo en cuenta la información obtenida se decide la vida útil del elemento objeto de amortización.

2. Se asigna a cada año de vida útil del inmovilizado un dígito en orden inverso de sucesión. O sea, al primer año se le asigna el último dígito; al segundo, el penúltimo, y así

sucesivamente. Se calcula la suma total de los dígitos asignados, de ahí el nombre que recibe dicho método.

3. Para obtener los coeficientes anuales de amortización se efectúa el cociente entre el dígito asignado (tal como se indica en el punto anterior) a cada año y la suma del total de años de vida útil. De esta manera, la cuota de amortización anual es proporcional a los dígitos correspondientes a dicha vida útil.

A continuación se presenta un ejemplo práctico de aplicación del método de los números dígitos a propósito de una empresa de catering especializada en el servicio integral de comidas para empresas, colegios y todo tipo de colectividades.

Dicha empresa desea amortizar la cristalería, las vajillas y la cubertería en general. El precio de adquisición de todos estos elementos es de 10.000 euros y debido a la naturaleza de los mismos se estima como nulo su valor residual. Las tablas de amortización incluyen a la hostelería en la División 6 como se ha visto en un ejemplo anterior. En dicha tabla, se comprueba que a estos elementos se les asigna un coeficiente máximo del 25% y un período máximo de 8 años, es decir, pueden amortizarse entre 4 años (100/25 = 4 años) y 8 años. En el caso de elegir una vida útil de cinco años, los coeficientes anuales de amortización serían los siguientes:

Primer año:

$$\frac{5}{1+2+3+4+5} = \frac{5}{15} = 0,333$$

Segundo año:

$$\frac{4}{1+2+3+4+5} = \frac{4}{15} = 0,267$$

Tercer año:

$$\frac{3}{1+2+3+4+5} = \frac{3}{15} = 0,2$$

Cuarto año:

$$\frac{2}{1+2+3+4+5} = \frac{2}{15} = 0,133$$

Quinto año:

$$\frac{1}{1+2+3+4+5} = \frac{1}{15} = 0,067$$

Se puede comprobar que la suma de todos los porcentajes es 1, y la política de amortización queda definida de la manera que se muestra en la tabla siguiente:

Año	Coeficiente de amortización	Valor contable (inicio año)	Cuota de amortización anual
1	5/15	10.000,00	3.333,33
2	4/15	6.666,67	2.666,67
3	3/15	4.000,00	2.000,00
4	2/15	2.000,00	1.333,34
5	1/15	666,66	666,66

La suma de las amortizaciones anuales es 10.000 euros y el valor residual la final de la vida útil de este elemento es nulo.

5.3.2.4 Amortización decelerada

Este método se aplica cuando un bien del Inmovilizado se desgasta menos en sus primeros años de vida que en los últimos, estableciendo cuotas de amortización inferiores en los primeros años y mayores en los posteriores. Las fórmulas son idénticas con la salvedad de que **t** es el tanto por uno a aplicar el último año, no el primero.

Primer año:

$$\frac{1}{1+2+3+4+5} = \frac{1}{15} = 0,067$$

Segundo año:

$$\frac{2}{1+2+3+4+5} = \frac{2}{15} = 0,133$$

Tercer año:

$$\frac{3}{1+2+3+4+5} = \frac{3}{15} = 0,2$$

Cuarto año:

$$\frac{4}{1+2+3+4+5} = \frac{4}{15} = 0,267$$

Quinto año:

$$\frac{5}{1+2+3+4+5} = \frac{5}{15} = 0,333$$

Se omite el proceso de cálculo ya que es análogo al caso de la amortización acelerada visto anteriormente.

5.4 Criterios para la selección del método de amortización.

En general, puede decirse que las características deseables en un método de amortización son las siguientes:

1. La capacidad de recuperación del capital invertido en el bien.
2. El mantenimiento de un valor contable próximo al valor real del bien a lo largo de toda su vida útil.
3. La facilidad de su aplicación.
4. La aceptación por parte de la Administración Pública.

En relación al punto relativo a la aceptación por parte de la Administración Pública, cabe señalar que si una empresa considera que sus activos, por su especial naturaleza, tienen una vida útil distinta a la fijada en las Tablas, puede presentar una memoria o propuesta de amortización y solicitar su aprobación. Transcurridos tres meses desde la solicitud sin haber recibido respuesta ésta se entenderá aprobada. Este hecho justifica el desarrollo del tema de los métodos teóricos de amortización en este libro, porque les otorga una utilidad práctica.

La solicitud debe presentarse dentro de los tres meses siguientes a la fecha en que debe empezar la amortización de los elementos afectados, y debe contener las siguientes menciones:

- Descripción de los elementos que van a ser afectados por el plan, indicando la actividad en la que se utilizan y el lugar en el que se encuentran.
- Su precio de adquisición o su coste de producción.
- La definición de la política de amortización que se propone.

En cualquier caso, la amortización propuesta debe ajustarse a la depreciación efectiva del elemento o elementos afectados. También cabe la posibilidad de que, si por la especial complejidad de los activos afectados, dicha depreciación se modifica, también se podrá solicitar una modificación del plan inicialmente presentado, dentro del primer trimestre del ejercicio en que dicha información tenga que surtir efectos.

5.4.1 Ficha modelo para la política de amortización

Para facilitar el control individualizado del proceso de amortización, es conveniente disponer de una ficha para cada uno de los elementos amortizables. Esta ficha, cuyo diseño deberá adaptarse a cada empresa o actividad, admite muchas posibilidades, pero en cualquier caso se recomienda que recoja la siguiente información:

a) Datos identificativos del elemento:
b) Descripción y características técnicas
c) Fecha de adquisición
d) Valor de adquisición
e) Vida útil
f) Valor residual
g) Cuota anual

Además debe dar información del proceso a lo largo de la vida útil del elemento que se amortiza, especificando:

- Año
- Dotación anual (euros)
- Amortización acumulada (euros)
- Valor contable neto (euros)

Como nota final hay que advertir que cuando la adquisición se realiza en el transcurso del año, la amortización del primer año se calcula en función del número de días, comprendido el día de la adquisición, sobre 360 para la amortización lineal o sobre el número de meses, comprendido el mes de la adquisición, sobre 12 para la amortización decreciente.

Elemento a amortizar:

Método a utilizar:

Datos Generales		Observaciones
Fecha de compra:		
Vida útil:		
Valor de adquisición:		
Valor residual:		
Valor a amortizar:		

Año	Dotación anual	Amortización Acumulada	Valor neto

6   Asientos contables

Antes de proceder a explicar cómo se construye un asiento contable, deben conocerse algunas definiciones preliminares, incluso de palabras que curiosamente ya se han utilizado anteriormente.

Así por ejemplo, la palabra cuenta "cuenta" se define como la representación valorada de los diferentes elementos patrimoniales o de resultados y de sus modificaciones. Las cuentas están codificadas decimalmente lo que permite su estructuración en función de las necesidades de la empresa. La numeración de las cuentas obedece a que facilitan la referenciación y permiten utilizar el número en lugar de la cuenta. A medida que se trabaja en contabilidad se van aprendiendo los números de las distintas cuentas. El listado de todas las cuentas generalmente se llama Plan de Cuentas.

En la contabilidad *jurásica* (la que se realiza manualmente), se representa mediante una "T", donde a la parte de la izquierda se la denomina "Debe" y a la parte de la derecha "Haber".

DEBE	HABER

La palabra "Debe" se refiere simplemente al lado izquierdo de la "T" donde sea anotan las cantidades, en tanto que la palabra "Haber" se refiere al lado derecho de la misma. Así de simple. Todos aquellos lectores que busquen algún tipo de connotación tendrán dificultades de comprensión. "Debe" no significa que nadie "deba nada a nadie" -aunque a un no contable la palabra le pueda generar una connotación desagradable- y "Haber" no significa que "haya algo en algún sitio" -aunque parece una cosa favorable-. Posiblemente, estos términos en la actualidad tendrían otros nombres, pero mantienen su origen del latín.

Las cuentas pueden ser de dos tipos: de patrimonio (de situación o de inventario) o de resultados (de gestión). Para saber como funcionan los asientos, es importante saber donde hay que apuntar los movimientos y para ello, desde el punto de vista académico o formal, se trabaja con la siguiente tabla.

CUENTAS DE PATRIMONIO	DEBE	Incrementos de activo. Ingresar dinero en la caja Disminuciones de pasivo. Pagar una deuda
	HABER	Disminuciones de activo. Vender una máquina Incrementos de pasivo. Comprar algo a crédito
CUENTAS DE RESULTADOS	DEBE	Compras, gastos o pérdidas
	HABER	Ventas, ingresos o beneficios

Para las cuentas de resultados se observa que las cuentas de compras, gastos y pérdidas tendrán por naturaleza un saldo deudor y por su parte las cuentas de ingresos, ventas y beneficios un saldo acreedor.

El saldo de una cuenta se calcula mediante la diferencia entre el total de movimientos del Debe y el total de movimientos del Haber.

Cuentas deudoras (saldo deudor)   DEBE > HABER

Cuentas acreedoras (saldo acreedor)   HABER > DEBE

6.1   Principio de la partida doble

El Principio de la Partida doble que fue creado por el monje italiano Fray Luca Pacioli en el año 1494, siendo publicado dentro del *Tractus XI-Particularis de computis et scripturis*, donde escribió su legado a través de 36 capítulos -tratado de cuentas de contabilidad usando la partida doble-, dando inicio a la Contabilidad Moderna.

El Principio de la Partida doble dice que toda anotación en el Debe de una cuenta tiene su contrapartida en una anotación, como mínimo, en el Haber de otra cuenta, y viceversa. El importe total anotado en el Debe ha de ser igual al importe anotado en el Haber. Curiosamente, cinco siglos después esta idea que parece muy simple, es la base de la contabilidad.

Resulta interesante introducir un ejemplo en este punto, de manera que si una empresa ha pagado a través del Banco una serie de facturas correspondientes a Proveedores, por importe de 2.000 euros y un efecto comercial por importe de 4.000 euros, es evidente que esta operación afecta a las cuentas de proveedores, efectos comerciales a pagar y bancos.

D	Proveedores	H
2.000,00		

D	Efectos com. a pagar	H
4.000,00		

D	Bancos	H
	2.000,00	
	4.000,00	

Procediendo de esta manera sería fácil olvidarse de algunas contrapartidas y difícilmente podría cumplirse el principio de la Partida Doble. Por ello, para facilitar la labor del registro contable, se introduce el concepto de Asiento.

6.2   Libros: Diario y Mayor

En la práctica contable existen dos libros fundamentales: el Libro Diario y el Libro Mayor. El Libro Diario es obligatorio para todas las empresas, y en él se registran todos los asientos por orden cronológico de fechas. Para facilitar su ordenación cada asiento tiene un número de orden "correlativo".

El Libro Mayor es el lugar donde se registran todas las cuentas que han tenido movimiento durante el ejercicio contable, su función principal es facilitar el análisis de la evolución de una cuenta a lo largo de un período. En el Libro Mayor debe reflejarse el número de asiento que origina el movimiento.

La información que se registra en el Libro Diario mediante asientos debe quedar automáticamente reflejada en el Libro Mayor anotando los cambios producidos en las cuentas afectadas. El Libro Mayor no es obligatorio según la legislación mercantil.

6.3   Construcción de asientos contables

Un asiento es la transcripción en términos contables, de cada una de las operaciones de carácter económico financiero realizadas, presentadas en orden cronológico. En cualquier asiento debe anotarse la información siguiente:

1.   Número del asiento.
2.   Fecha en que se produce (día/mes/año).
3.   En el lado izquierdo se anotan aquellas cuentas cuyos movimientos se deben reflejar en el Debe de la cuenta, especificando el importe (3a) y el nombre de la cuenta (3b). Hacer una anotación o apunte en el Debe recibe el nombre de cargar, adeudar o debitar.
4.   En el lado derecho se anotan aquellas cuentas cuyos movimientos se deben reflejar en el Haber de la cuenta, especificando el importe (4a) y el nombre de la cuenta (4b). Hacer una anotación o apunte en el Haber recibe el nombre de abonar, acreditar o datar.

5. Para separar el lado derecho del lado izquierdo se utiliza la letra "a".
6. Espacio destinado para la descripción o comentario del contenido de la operación que se registra.
7. La separación entre asientos se realiza mediante unas líneas horizontales.

```
    (1)                                    (2)
                                           dd/mm/aa
    _____       _____

            DEBE

    (3ª)    (3b)                           (5)
                                           a
            (6) Comentario/descripción            (4b)              (4ª)
                                           (7)
    _____       _____
```

Para la operación anterior el asiento quedaría de la siguiente forma:

```
    89                                     01/10/XX
    _____       _____

    2.000,00   Proveedores
    4.000,00   Efectos com. a pagar        a
                                                  Bancos          4.000,00
                                                  Bancos          2.000,00

               Pagos banco
    _____       _____
```

Se observa que el apunte en la cuenta de Bancos se ha desglosado en dos líneas para facilitar el punteo con el extracto que se recibirá del Banco. Se trata solamente de una cuestión de comodidad práctica, porque académicamente podría realizarse un único apunte en el Haber, por un importe total de 6.000 euros.

A continuación se plantea un nuevo ejemplo. Una empresa, para atender un recibo, realiza un ingreso en efectivo por un importe de 1.500 euros en la cuenta corriente bancaria. El dinero procede de la caja.

Lo primero que hay que hacer es determinar las cuentas que interviene para explicar este hecho contable. En este asiento solo intervienen dos cuentas: Caja y Bancos.

A continuación se trata de determinar si los movimientos se producen en el Debe o en el Haber. La cuenta de Caja es una cuenta de Activo que disminuirá de manera que deberá tener un apunte en el Haber, mientras que la cuenta de Bancos (que también es una cuenta de Activo), se incrementará de manera que tendrá un apunte en el Haber.

89		01/10/XX	
1.500,00	Banco		
		a	
		Caja	1.500,00
	Ingreso en efectivo		

Después de la realización de una siento debe comprobarse que la suma de los importes anotados en el Debe coincide con la suma de los importes anotados en el Haber, para verificar que cumpla el Principio de la Partida doble. En este caso el asiento se dice comúnmente que está cuadrado. En caso contrario está descuadrado y debe procederse a su corrección.

La experiencia docente nos dice que a los alumnos que inician estudios de contabilidad, se les presentan dos dificultades:

• Saber qué cuentas han de tomar para construir el asiento.
• Saber si los movimientos se producen en el Debe o en el Haber.

Uno de los objetivos de este libro es facilitar una ayuda práctica y eficaz para superar estas dos dificultades, pero para resolver la primera dificultad, como autores hemos de advertir que necesitamos la ayuda de los lectores, basada en dedicar tiempo a realizar prácticas, porque en este sentido la contabilidad se parece a aprender a ir en bicicleta.

Para superar la segunda dificultad apuntada, se proporciona un método análogo al que se utiliza en el análisis sintáctico para la determinación del sujeto en una frase. Por ejemplo, en la frase: "Una orca salpica a los espectadores" se puede determinar el sujeto de la misma mediante la pregunta "¿Quién?", de manera que si se pregunta ¿Quién salpica a los espectadores? la respuesta es obvia: "una orca" y de esta manera, se ha encontrado el sujeto. Para el caso de la contabilidad, se puede proporcionar una herramienta del mismo estilo pero de entrada, debe advertirse que debe utilizarse con cautela.

Para la elaboración de asientos, las preguntas utilizadas, para saber si una cuenta se coloca en el Debe o en el Haber, son las siguientes:

fecha

DEBE		HABER
¿Qué entra?		¿Qué sale?
o		o
¿Quién recibe?	a	¿Quién entrega?
o		o
¿Quién debe?		¿A quién se debe?
o		o
¿Hay pérdidas?		¿Hay ganancias?

A continuación se muestra como se aplica esto en la práctica, de manera que por ejemplo, se quiere contabilizar el hecho de recibir un cheque bancario por parte de un cliente, que paga una factura pendiente de 200 euros. La primera pregunta es: ¿qué entra? y la respuesta es sencillamente nada. En general, hay una tentación de responder rápidamente… de manera que se rompe la herramienta. Lo mejor, es no forzar nunca la respuesta y pasar a la siguiente pregunta, porque en realidad, no entra nada. Una vez, se ha fracasado con la primera pregunta se pasa a la segunda: ¿Quién recibe? la respuesta es fácil el "banco". Efectivamente, el banco recibe un cheque. De esta manera se ha conseguido hacer medio asiento:

X _____ dd/mm/aa _____

200,00   Bancos

a

Para el Haber se toma la primera pregunta ¿Qué sale?, y la respuesta es nada, con lo cual se pasa a la segunda ¿Quién entrega?, y la respuesta es un "cliente". El asiento ya está completo.

X _____ dd/mm/aa _____

200,00   Bancos

a

Clientes   200,00

Cobro de una factura

El saldo de la cuenta de bancos se ha incrementado, esto es coherente con el hecho de que al tratarse de una cuenta del Activo el apunte contable se anota en el Debe. La cuenta de clientes (también perteneciente al Activo), ha disminuido, y en consecuencia, le corresponde un movimiento en el Haber.

Consideraciones prácticas

Debe advertirse que, antes de hacer un asiento contable, hay que decidir si una situación determinada es susceptible de generar un asiento. Por ejemplo:

- Cuando se recibe un aviso del banco para el cobro de un efecto no produce un asiento contable aunque la empresa deberá considerarlo en su previsión de tesorería.
- Cuando se recibe un presupuesto, por ejemplo, relativo a un proyecto de remodelación de las instalaciones no se genera ningún hecho susceptible de contabilización.

A continuación, una vez se ha determinado que realmente existe un hecho económico o financiero, debe recordarse que para hacer un asiento contable, desde el punto de vista práctico hay que hacer tres cosas:

1. Seleccionar las cuentas que intervienen para definir o explicar el hecho económico y financiero. Esto no siempre es fácil, porque exige un dominio del PGC y cierta práctica.
2. Realizar los apuntes correspondientes en el Debe y en el Haber de las cuentas seleccionadas.
3. Finalmente hay que comprobar el cumplimiento del Principio de la partida doble, es decir, hay que asegurarse que la suma de los apuntes en el debe es igual a la suma de los apuntes del haber.

De la misma manera que el entrenamiento y la preparación física preceden a la competición, los ejercicios de selección de cuentas deben ser una preparación previa a la elaboración de asientos contables.

Para facilitar la práctica en la selección de las cuentas se propone el siguiente ejercicio, donde se trata de elegir las cuentas más adecuadas para que reflejen los conceptos o situaciones siguientes:

1. Compra e instalación de un programa de contabilidad.
2. Compra e instalación de un programa de contabilidad.
3. Descuento por volumen en la compra de materias primas auxiliares.

4. Beneficios que no ha sido distribuidos y están pendientes de distribución.
5. Compra de ropa de trabajo para los empleados.
6. Subvención de un curso de postgrado a un empleado.
7. Compra de un equipo de megafonía interna.
8. Compra de una nevera para productos varios para el comedor.
9. Compra de una botella de medio litro de agua oxigenada.
10. Compra de unas tijeras para la secretaria de dirección.
11. Compra de un póster de Playa Tambor para decorar la pared.
12. Compra de una agenda anual con recambios y guía telefónica.
13. Compra de 2.000 cajas de cartón para la expedición de productos acabados.
14. Pago del Impuesto de matriculación del coche nuevo.
15. Invitación a comer empanadas a un cliente en la Pizzería Betto's.
16. Compra de una caja de 6 botellas de lejía para la limpieza general.
17. Adquisición de una cabina de pintura para chapa metálica.
18. Compra de una carretilla retráctil para la manutención de las máquinas.
19. Compra de un dispositivo de retractilado con película Winwrap.
20. Reparar la cerradura de la puerta del director de marketing.
21. Compra de una furgoneta en el mercado de coches de ocasión de Vic.
22. Compra de los impresos para la liquidación del IVA.
23. Compra de un armario universal con puertas batientes Kaiser+Kraft.

En el momento de plantear la resolución de este ejercicio se observa que cualquier empresa necesita un Plan de Cuentas adaptado a su actividad de negocio, especialmente para las cuentas de resultados, es decir, las pertenecientes a los grupos 6 y 7. Este Plan de Cuentas hecho a medida, permitirá el control de todas las partidas de gasto, a lo largo de un ejercicio contable. En cualquier caso, los asientos siempre se realizarán utilizando cuentas de último nivel -en este caso se ha optado por un nivel 5-.

A modo de ejemplo se proponen las subcuentas de la cuenta [640] Gastos de personal en el caso de un gimnasio que dispone de unas instalaciones para la práctica de distintas especialidades deportivas.

[64]   Gastos de personal

[640]   Sueldos y salarios
          [64001]   Nómina personal de Administración
          [64010]   Nómina personal de Recepción
          [64020]   Nómina monitores Gim Jazz
          [64021]   Nómina monitores Musculación

[64022]   Nómina monitores Natación
[64023]   Nómina monitores Gimnasia Artística
[64024]   Nómina monitores Taekwondo
[64025]   Nómina monitores de Aerobic
[64026]   Nómina monitores de Spining
[64027]   Nómina monitores de Boulder

[641]   Indemnizaciones
[64100]   Indemnizaciones laborales

[642]   Seguridad social a cargo de la empresa
[64200]   Seguridad social a cargo de la empresa

[649]   Otros gastos sociales
[64901]   Cursos de formación de los monitores
[64902]   Ropa y uniformes para monitores
[64903]   Dietas de los monitores

Solución propuesta:

A continuación se adjunta una guía orientativa de las soluciones del ejercicio propuesto, para facilitar la autoevaluación del lector.

	Conceptos		Cuenta / Subcuenta
1	Compra e instalación de un programa de contabilidad.	[215] [21501]	Aplicaciones informáticas / Programa de contabilidad
2	Descuento por volumen en la compra de materias primas auxiliares.	[609] [60901]	Rappels por compras / Rappels por compras de materias p. auxiliares
3	Beneficios que no ha sido distribuidos y están pendientes de distribución.	[120] [12000]	Remanente / Remanente año 0X
4	Compra de ropa de trabajo para los empleados.	[649] [64901]	Otros gastos sociales / Ropa para el personal
5	Subvención de un curso de postgrado a un empleado.	[649] [64902]	Otros gastos sociales / Gastos de formación

6	Compra de un equipo de megafonía interna.	[225] [22501]	Otras instalaciones Equipos de megafonía
7	Compra de una nevera para productos varios para el comedor.	[229] [22901]	Otro inmoviliz. material Nevera de productos
8	Compra de una botella de medio litro de agua oxigenada.	[629] [62901]	Otros servicios Material de botiquín
9	Compra de unas tijeras para la secretaria de dirección.	[629] [62902]	Otros servicios Material de oficina
10	Compra de un póster de Playa Tambor para decorar la pared.	[629] [62903]	Otros servicios Material de decoración
11	Compra de una agenda anual con recambios y guía telefónica.	[629] [62902]	Otros servicios Material de oficina
12	Compra de 2.000 cajas de cartón para la expedición de productos acabados.	[602] [60201]	Compras otros aprovision. Cajas para expediciones
13	Pago del Impuesto de matriculación del coche nuevo.	[228] [22801]	Elementos de transporte Coche Toyota 8765YXZ
14	Invitación a comer empanadas a un cliente en la Pizzería Betto's.	[627] [62701]	Publicidad, propaganda y RR.PP. Invitaciones a clientes
15	Compra de una caja de 6 botellas de lejía para la limpieza general.	[629] [62904]	Otros servicios Material de limpieza
16	Adquisición de una cabina de pintura para chapa metálica.	[223] [22301]	Maquinaria Cabina de pintura
17	Compra de una carretilla retráctil para la manutención de las máquinas.	[223] [22302]	Maquinaria Carretilla retráctil
18	Compra de un dispositivo de retractilado con película Winwrap	[223] [22303]	Maquinaria Máquina retractilar
19	Reparar la cerradura de la puerta del director de marketing.	[622] [62201]	Repar. y mantenimiento Repar. de cerrajería
20	Compra de una furgoneta en el mercado de coches de ocasión de Vic.	[228] [22702]	Elementos de transporte Furgoneta Opel 1234CCR

| 21 | Compra de los impresos para la liquidación del IVA. | [629]
[62902] | Otros servicios
Material de oficina |
| 22 | Compra de un armario universal con puertas batientes (Kaiser+Kraft). | [226]
[22601] | Mobiliario
Armario Ref. 704 118-82 |

Para finalizar, se establecen tres reflexiones:

- Se puede afirmar que la solución aportada no es única. Así la nevera para productos varios podría incluirse en otras cuentas aunque siempre dentro del inmovilizado material.
- Mediante este ejercicio se pone de manifiesto que la codificación decimal del Plan General Contable permite introducir tantas cuentas y subcuentas como se estime oportuno, con la finalidad de obtener la máxima información posible para reflejar con absoluta fidelidad la situación económica y financiera de la empresa, todo ello enfocado a la interpretación de los Estados Financieros para la toma de decisiones.
- El diseño del Plan de Cuentas es importante ya que puede determinar el grado de control de la actividad empresarial. El conocimiento de la mecánica contable puede facilitar a los directivos la evaluación de la calidad del Plan de Cuentas de una empresa.

7   Ciclo contable

Se denomina ciclo contable el conjunto de todas las operaciones realizadas por una empresa durante un ejercicio contable, el cual tiene una duración cronológica de un año (desde el 1 de enero al 31 de diciembre). El ciclo contable se concreta en unas fases que son las siguientes:

1. El ASIENTO DE APERTURA.

2. El registro mediante los ASIENTOS correspondientes de las operaciones del PERÍODO, en el LIBRO DIARIO.

3. El traspaso a las cuentas del LIBRO MAYOR de la información registrada en todos los asientos realizados.

4. La elaboración de un BALANCE DE COMPROBACIÓN DE SUMAS Y SALDOS, (cuando se considere oportuno).

5. Los asientos de REGULARIZACIÓN de las CUENTAS PATRIMONIALES (si son necesarios).

6. Los asientos de REGULARIZACIÓN DE EXISTENCIAS.

7. Los asientos de REGULARIZACIÓN DE LAS CUENTAS DE RESULTADOS (si son necesarios).

8. Otros posibles ajustes contables internos, reflejados en asientos:

    o   AMORTIZACIONES

    o   PROVISIONES

    o   AJUSTES DE PERIODIFICACIÓN

    o   REGULARIZACIÓN DEL IVA

9. Traspaso a las cuentas del LIBRO MAYOR de todos los asientos anteriores.

10. Elaboración de un BALANCE DE COMPROBACIÓN DE SUMAS Y SALDOS.

11. El asiento de REGULARIZACIÓN de RESULTADOS.

12. ASIENTO DE CIERRE.

13. Elaboración de los Estados Financieros: Balance de Situación y Cuenta de Resultados.

La mejor manera de ver el significado de cada una de las fases enumeradas y entender su realización práctica es a partir del seguimiento de un caso.

Por ejemplo, una empresa presenta a 1 de enero de 20XX, el siguiente Balance de Situación.

BALANCE DE SITUACIÓN A 1 DE ENERO DE 20XX			
ACTIVO		PATRIMONIO NETO PASIVO	
Maquinaria	2.000	Capital Social	5.000
Mercaderías	1.500	Proveedores	6.500
Clientes	7.000		
Bancos	1.000		
TOTAL	11.500	TOTAL	11.500

Durante el período se han realizado las siguientes operaciones:

o   Las ventas a crédito ascienden a 3.000 u.m.

o   Se han cobrado de clientes 2.500 u.m. que se ingresan en el Banco

o   Las compras de mercaderías a crédito ascienden a 800 u.m.

o   Se han pagado a los proveedores facturas por valor de 2.000 u.m. El pago se ha realizado mediante transferencia bancaria.

o   El valor de las existencias de mercaderías a final del período es de 1.200 u.m.

o   La amortización de la maquinaria sigue una política lineal o uniforme del 10%.

NOTAS:

a. Se trata de un caso elemental diseñado exclusivamente con finalidades pedagógicas y que por tanto, no responde a ninguna situación real, pensado y dirigido a lectores que no han hecho nunca contabilidad. En este primer ejemplo, para hacerlo más simple no se va a considerar el IVA.

b. Se observa que para hacer un ciclo contable se parte de un Balance de Situación, si no se dispone de él hay que construir uno... con más o menos imaginación con el objetivo de reflejar fielmente la situación económica y financiera de la empresa.

7.1   Fase 1. Asiento de apertura

En el Libro Diario se empieza con el asiento de apertura, el cual consiste en reflejar los saldos iniciales de todas las cuentas que componen el Balance de Situación inicial. Este asiento se llama de apertura si se trata del primer período de actividad de la empresa, o de reapertura si se refiere a cualquier período de una empresa que ya está en marcha. La forma de realizar el asiento de apertura (o reapertura) es la siguiente:

1	01/01/20XX	
Saldo Cuentas de Activo	*a*	Saldo Cuentas de Patrimonio Neto Pasivo

En el Debe del asiento se registran todos los elementos patrimoniales del Activo (bienes y derechos), y en el Haber del asiento, las obligaciones que como es sabido, figuran en Patrimonio Neto Pasivo. Dado que el Balance de Situación inicial debe estar cuadrado, se cumple el Principio de la Partida Doble, es decir, el importe total de los apuntes del Debe ha de ser igual al de los apuntes del Haber. En este caso:

1	XX/XX/XX		
2.000,00	[213] Maquinaria		
1.500,00	[300] Mercaderías		
7.000,00	[430] Clientes		
1.000,00	[572] Bancos		
	a		
		[100] Capital Social	5.000,00
		[400] Proveedores	6.500,00

El asiento de apertura registra los saldos correspondientes a los elementos que integran el Balance de Situación inicial. Una vez realizado el asiento hay que traspasar los movimientos al Libro Mayor. Esto permite reflejar en las cuentas esta información inicial.

7.2   Fase 2. Registro de las operaciones del período

El registro de las operaciones consiste en reflejar, en el Libro Diario, mediante los asientos correspondientes a las operaciones económico-financieras, que se han realizado durante el período contable. En este caso se tienen los asientos siguientes:

2		*XX/XX/XX*	
3.000,00	[430] Clientes		
		a	
		[700] Ventas	3.000,00

3		*XX/XX/XX*	
2.500,00	[572] Bancos		
		a	
		[430] Clientes	2.500,00

4		*XX/XX/XX*	
800,00	[600] Compras		
		a	
		[400] Proveedores	800,00

5		*XX/XX/XX*	
2.000,00	[400] Proveedores		
		a	
		[572] Bancos	2.000,00

7.3   Fase 3. Traspaso a las cuentas de los asientos anteriores

Esta fase consiste en traspasar a las cuentas correspondientes del Libro de Mayor la información registrada en los asientos. Esta operación se recomienda que se haga después de cada asiento. También se recomienda, a la hora de trabajar, disponer de hojas separados para el Libro Diario y el Libro Mayor, ya que la información contenida en estos documentos debe ser consultada de forma simultánea.

Para efectuar el traspaso al Libro Mayor, será necesario abrir tantas cuentas como conceptos hayan registrado algún tipo de movimiento, teniendo en cuenta que las correspondientes al Balance de Situación inicial ya se han abierto, como consecuencia del asiento de apertura (1). El resultado final de esta acción se puede ver a continuación.

D	Maquinaria		H		D	Mercaderías		H
2.000,00	(1)				1.500,00	(1)		

D	Bancos		H		D	Capital Social		H
1.000,00	(1)	2.000,00	(5)				5.000,00	(1)
2.500,00	(3)							

D	Proveedores		H		D	Ventas		H
2.000,00	(5)	6.500,00	(1)				3.000,00	(2)
		800,00	(4)					

D	Compras		H		D	Clientes		H
800,00	(4)				7.000,00	(1)	2.500,00	(3)
					3.000,00	(2)		

7.4 Fase 4. Balance de comprobación de sumas y saldos.

El Balance de Comprobación de Sumas y Saldos informa de la situación en un momento dado de todas y cada una de las cuentas que han intervenido en el período contabilizado. Se realiza trimestralmente.

Se trata de una relación de todas las cuentas del Libro Mayor, por tanto se revisa página por página y se localizan todas las cuentas que tengan un saldo distinto de cero. Después se reflejan en las columnas de sumas, los movimientos totales del Debe y del Haber de las citadas cuentas y a partir de la diferencia se obtiene su saldo, que obviamente, puede ser: deudor o acreedor. En las columnas de Saldo se anota éste en la columna Deudor cuando la suma del Debe sea mayor que la suma del Haber, o bien en la columna Acreedor en caso contrario.

El Balance de Comprobación de Sumas y Saldos se utiliza como una herramienta para detectar errores, por ejemplo:

- ○ La suma total de los movimientos del DEBE ha de ser igual a la suma total de todos los movimientos del HABER.

- ○ El total de sumas debe coincidir con la suma total del Libro Diario.

Con la información disponible se puede construir un BALANCE DE SITUACIÓN, en cualquier momento del ejercicio contable.

BALANCE DE COMPROBACIÓN DE SUMAS Y SALDOS				
CUENTAS	IMPORTE		SALDO	
	DEBE	HABER	DEUDOR	ACREEDOR
Maquinaria	2.000	-	2.000	-
Mercaderías	1.500	-	1.500	-
Clientes	10.000	2.500	7.500	-
Bancos	3.500	2.000	1.500	-
Capital Social	-	5.000	-	5.000
Proveedores	2.000	7.300	-	5.300
Ventas	-	3.000	-	3.000
Compra	800	-	800	-
TOTAL	19.800	19.800	13.300	13.300

Importe total movimientos del debe = Importe total movimientos del haber
19.800 = 19.800

Importe saldos deudores = Importe saldos acreedores
13.300 = 13.300

El Balance de Comprobación de Sumas y Saldos, tal como se ha explicado, permite verificar que no haya habido equivocaciones al calcular los saldos y que éstos se han clasificado adecuadamente. También facilita la detección de posibles incoherencias, como por ejemplo:

- ○ Las cuentas de compras, gastos y pérdidas, correspondientes a la Cuenta de Resultados, en principio, no han de tener movimientos en el Haber, y las cuentas de ventas, ingresos y beneficios, en principio, no han de tener movimientos en el Debe.

- ○ Las cuentas de Activo, por naturaleza, tienen saldo deudor. Así por ejemplo, la cuenta de Caja es imposible que tenga un saldo acreedor.

o   Las cuentas de Patrimonio Neto Pasivo, por naturaleza, tienen saldo acreedor.

El Balance de Comprobación de Sumas y Saldos, no permite verificar:

o   La utilización incorrecta de una cuenta en el momento de realizar un asiento. Hay que advertir que no es posible detectar errores derivados de la utilización equivocada de una cuenta, es decir utilizar "efectos comerciales a pagar" en lugar de "proveedores".

o   Que una anotación en el Debe de una cuenta no se haya registrado en el Debe de otra cuenta.

o   Que una anotación en el Haber de una cuenta no se haya registrado en el Haber de otra cuenta.

Otra función interesante del Balance de Comprobación de Sumas y Saldos es que facilita la preparación de los asientos de regularización y los ajustes contables, que se verán a continuación y que resultan indispensables para preparar las Cuentas Anuales.

7.5   Fase 5. La regularización de las cuentas patrimoniales.

La regularización de las cuentas patrimoniales consiste en rectificar mediante asientos las diferencias comprobadas entre los saldos de las Cuentas Patrimoniales y la realidad. En el caso que se viene siguiendo no es posible establecer esta comparación con la realidad… simplemente porque se trata de una ficción. Sin embargo, se considera interesante que el lector se familiarice con estas situaciones reales, que no aparecen frecuentemente en los libros de contabilidad de carácter marcadamente académico. Para que el lector entienda lo que es una Regularización de una cuenta patrimonial, se plantean dos casos.

Caso 1: Regularización tras un arqueo de caja.

Un arqueo de caja es la operación de comprobar si el dinero inventariado (recuento de caja) coincide con el saldo resultante de la cuenta de caja del Libro Mayor. Se plantea el caso de que la contabilidad interna informa que el saldo de la cuenta de caja es de 8.956 euros. Si se cuenta el dinero efectivo de caja y este resulta ser exactamente de 8.956 euros, no es necesario hacer nada más, ya que no hay ninguna discrepancia.   En caso de que no coincidan, es decir supongamos que el dinero efectivo disponible en la caja es de 8.955 euros, existe una diferencia de un euro. En esta situación alguien podría pensar que lo más cómodo es poner un euro en la caja para zanjar el problema, pero un buen contable nunca haría esto, porque la introducción de un euro en la caja produce una distorsión en el sistema contable, debido a una violación fragante del Principio de la Partida doble: se resta un euro en el Debe de una cuenta y no se hace ningún apunte en el Haber.

La diferencia detectada obliga a realizar un "punteo" o verificación de los registros de caja para encontrar el error. Si después de una exhaustiva comprobación de los movimientos de caja no se puede explicar la causa de la falta un euro, hay que proceder a un ajuste o regularización de la cuenta de caja en el Libro Mayor, disminuyendo el saldo de dicha cuenta en un euro, ya que se ha producido una pérdida. Las diferencias por regularizaciones se pueden reflejar en una cuenta de gastos varios, que es la cuenta [629] Otros Servicios del PGC. Dicha cuenta puede tener saldo deudor o acreedor, según que el ajuste realizado sea una pérdida o un beneficio.

Para la situación expuesta:

x	31/12/20XX	
Otros Servicios	a	Caja

Si la diferencia encontrada hubiera sido a favor, el asiento sería:

x	31/12/20XX	
Caja	a	Otros servicios

En este caso, en que se encuentra un euro de más en la caja, si a algún lector se le ha ocurrido retirar el euro sobrante y ponérselo en su bolsillo, le recomendamos que vuelva al principio de este libro porque no ha entendido nada… o que se dedique a la política.

Caso 2: Regularización de desajustes encontrados en las cuentas de clientes, proveedores deudores y acreedores varios.

Por ejemplo, en la contabilidad aparece que un cliente debe 0,72 euros, ya que envió un cheque bancario por un importe de 300 euros cuando en realidad la factura ascendía a 300,72 euros. El porqué de esta diferencia quizás sea propio de un manual de psicología más que de contabilidad, pero en cualquier caso, parece evidente que no es rentable reclamar la diferencia. Al mismo tiempo, no tendría sentido que dicho cliente figurara en la cuenta respectiva con un saldo deudor de 0,72 euros. En algunos casos, estas discrepancias se deben a redondeos de tipo matemático. En estas situaciones, y otras de similar naturaleza, se recomienda proceder a la regularización del saldo mediante el asiento siguiente:

X		XX/XX/XX		
0,72	[629] Otros Servicios			
		a		
			[430] Clientes	0,72

Con esto queda ajustado el saldo de la cuenta de Clientes y se refleja una pérdida, como consecuencia de algo que razonablemente no se llegará a cobrar nunca. Debe advertirse que los ajustes se realizan solo cuando la diferencia no responde a errores detectados.

Caso 3: Habrá saldos contables que exigirán una corrección valorativa.

Puede pensarse por ejemplo, en la existencia de acciones compradas por la empresa, las cuales tienen en la fecha de cierre del ejercicio una cotización inferior a la que tenían cuando se adquirieron. Esta argumentación también es válida para los remanentes de las monedas extranjeras (por ejemplo, dólares), comprados a una cotización superior a la de la fecha de cierre.

7.6   Fase 6. Regularización de existencias

La Regularización de Existencias permite reflejar el valor real de la existencia final, obtenido como resultado de un detallado inventario. El valor de las Existencias incide simultáneamente en el Balance de Situación y en la Cuenta de Resultados, tal como se verá a continuación.

Dado que todas las entradas y salidas de materiales durante el ejercicio contable se contabilizan en las cuentas de Compras y Ventas, la cuenta de Existencias seguirá reflejado el valor del saldo inicial (Balance de Situación inicial). Por tanto, se ha de introducir un ajuste para regularizar su saldo, a partir del cual, en la cuenta de Existencias se reflejará el saldo final, que es el que coincide con la realidad. Este ajuste de regularización de existencias se realizará mediante un doble asiento.

En el Balance de Comprobación de Sumas y Saldos se observa que el saldo de la cuenta de Mercaderías corresponde al de las existencias al inicio del período: 1.500 u.m. Parece evidente, que dicho valor no es correcto en este momento, dado que durante el período se han producido variaciones como consecuencia de las operaciones propias del tráfico comercial (compras, ventas, abonos, devoluciones, promociones, etc.). Por tanto, es necesario proceder a un ajuste contable. Para ello se necesita el valor de las existencias en ese momento que es de 1.200 u.m.

(según los datos iniciales). Este es el valor que debe figurar como saldo de mercaderías, al final del ejercicio contable. El asiento que debe realizarse es:

6		XX/XX/XX		
1.500,00	[610] Variación de Existencias de Mercaderías			
		a		
			[300] Mercaderías	1.500,00
1.200,00	[300] Mercaderías			
		a		
			[610] Variación de Existencias de Mercaderías	1.200,00

Conviene recordar la mecánica de la Regularización de Existencias ya que siempre es igual. En primer lugar, se anula el saldo inicial y después se reflejan el valor actual del inventario de existencias. Esta operación debe repetirse para todos los tipos de existencias que la empresa disponga.

Si no hay existencias finales el asiento de Regularización de Existencias tendría la siguiente forma, porque no es posible hacer apuntes en un asiento con "0" euros.

6		XX/XX/XX		
1.500,00	[610] Variación de Existencias de Mercaderías			
		a		
			[300] Mercaderías	1.500,00

7.7 Fase 7. La regularización de las cuentas de resultados

De la misma manera que se ha procedido a comprobar la veracidad de los saldos de las Cuentas Patrimoniales, se procede a revisar los saldos correspondientes a todas las Cuentas de Resultados.

En este caso, se procederá a contabilizar, mediante asientos, todos aquellos ajustes que se consideren oportunos, que serán análogos a los realizados para la regularización de las Cuentas Patrimoniales. En el caso propuesto no es necesario realizar ajustes de este tipo.

7.8 Fase 8. Otros ajustes contables internos

Los ajustes contables internos referentes a este apartado son básicamente: amortizaciones, provisiones y ajustes por periodificación. Quizás el más importante de todos ellos es el correspondiente a la amortización de los activos inmovilizados.

El esquema de un asiento de amortización relativo a elementos del inmovilizado material se ajusta al esquema del ejemplo siguiente:

x	31/12/20XX	
Dot. Amortiz. Construcciones	*a*	Amortiz. Acum. Construcciones
Dot. Amortiz. Maquinaria		Amortiz. Acum. Maquinaria
Dot. Amort. Mobiliario		Amort. Acum. Mobiliario

Para el caso que se viene siguiendo, dado que según el enunciado la empresa ha calculado una vida útil para su maquinaria de 10 años, de manera que ha definido una política de amortización uniforme o constante del 10%. El asiento a realizar es:

7	XX/XX/XX	
200,00 [6811] Dot. Amort. Maquinaria		
	a	
		[6811] Amortiz. Acum. Maquinaria 200,00

Conviene advertir que debe realizarse un asiento de amortización para cada uno de los elementos del inmovilizado, ya que las políticas de amortización no pueden definirse de forma global.

7.9 Fase 9. Traspaso a las cuentas

En este momento debe verificarse que se han traspasado a las cuentas del Libro Mayor, todos los apuntes de los asientos realizados a partir del último Balance de Comprobación de Sumas y Saldos.

7.10   Fase 10. Balance de comprobación de sumas y saldos

Una vez realizados todos los asientos correspondientes a los ajustes contables internos y se ha traspasado la información a las cuentas del Libro Mayor, es recomendable elaborar un nuevo Balance de Comprobación de Sumas y Saldos, para observar si hay algo extraño.

A partir del Balance de Comprobación de Sumas y Saldos es fácil elaborar los estados contables, dado que en él se reflejan los saldos de todas las cuentas.

BALANCE DE COMPROBACIÓN DE SUMAS Y SALDOS				
CUENTAS	IMPORTE		SALDO	
	DEBE	HABER	DEUDOR	ACREEDOR
Maquinaria	2.000	-	2.000	-
Amortiz. Acum. Maquinaria	-	200	-	200
Mercaderías	2.700	1.500	1.200	-
Clientes	10.000	2.500	7.500	-
Bancos	3.500	2.000	1.500	-
Capital Social	-	5.000	-	5.000
Proveedores	2.000	7.300	-	5.300
Ventas	-	3.000	-	3.000
Compras de Mercaderías	800	-	800	-
Variac. Existencias Mercaderías	1.500	1.200	300	-
Dot. Amortiz. Maquinaria	200	-	200	-
TOTAL	19.800	19.800	13.300	13.300

7.11   Fase 11. La regularización de pérdidas y ganancias

Este asiento determina el saldo de la Cuenta de Pérdidas y Ganancias y en consecuencia el resultado de la empresa en un ejercicio contable. Para ello, se toma el saldo de cada una de las cuentas de resultados (compras y gastos por un lado y ventas e ingresos por otro) se traspasa a la Cuenta de Pérdidas y Ganancias, de manera que las cuentas de resultados traspasadas quedarán todas saldadas, es decir, con saldo nulo. Esto quiere decir que, en el Haber de la Cuenta de Pérdidas y Ganancias figura el saldo de las cuentas de resultados que expresan ventas, ingresos o beneficios. En el Debe de dicha cuenta figurarán los saldos de las cuentas de compras, gastos y pérdidas de las diferentes cuentas de resultados.

En el asiento de Regularización de Pérdidas y Ganancias hay dos partes. En la primera parte, se traspasan a Pérdidas y Ganancias los saldos de las cuentas de ventas e ingresos; automáticamente, estas cuentas pasarán a tener saldo nulo. En una segunda parte, dentro del mismo asiento, se registran también en la Cuenta de Pérdidas y Ganancias los saldos de las cuentas de compras y gastos; de manera que también en este caso estas cuentas quedarán automáticamente saldadas. Mediante esta operativa se observa que mediante la Regularización de Pérdidas y Ganancias se traspasa el saldo de todas las Cuentas de Resultados a una sola cuenta llamada Cuenta de Pérdidas y Ganancias.

(X)	31/12/XX		
...	Ventas		
...			
...	Variación de Existencias Mercaderías		
...			
...	Ingresos por arrendamientos		
...			
...	Comisiones		
...			
...	Subvenciones a la Explotación		
...			
...	Ingresos por Intereses bancarios		
...			
		Pérdidas y Ganancias	
		a	
...	Pérdidas y Ganancias	Variación de Existenc. Mercaderías.	...
...		Sueldos y Salarios	...
			...
		Gastos de Seguridad y Social	...
		Otros gastos sociales	...
		Arrendamientos y cánones	...
		Reparaciones y conservación	...
		Transportes y fletes	...
		Primas de seguros	...
		Suministros	...
		Tributos municipales	...
		Intereses de Préstamos bancarios	...
	Regularización de Pérdidas y Ganancias		

El saldo de la Cuenta de Pérdidas y Ganancias refleja el resultado obtenido por la empresa en un ejercicio contable. En consecuencia, un saldo acreedor indica que el resultado ha sido positivo y se han obtenido beneficios, en cambio un saldo deudor señala que el resultado ha sido negativo y se han registrado pérdidas.

Antes de seguir se recomienda comprobar que no quede ninguna cuenta que incida en la Cuenta de Pérdidas y Ganancias con un saldo distinto de cero.

En el contexto de este supuesto pedagógico, no se aplica ninguna tasa de impuesto sobre los beneficios obtenidos.

LIBRO MAYOR (31/12/20XX)

D	Maquinaria		H		D	Mercaderías		H
2.000,00	(1)				1.500,00	(1)	1.500,00	(6)
					1.200,00	(6)		

D	Bancos		H		D	Capital Social		H
1.000,00	(1)	2.000,00	(5)				5.000,00	(1)
2.500,00	(3)							

D	Proveedores		H		D	Ventas		H
2.000,00	(5)	6.500,00	(1)				3.000,00	(2)
		800,00	(4)					

D	Compras de Mercaderías		H		D	Clientes		H
800,00	(4)				7.000,00	(1)	2.500,00	(3)
					3.000,00	(2)		

D	Variación Exist. de Mercaderías		H		D	Dot. Amortiz. Maquinaria		H
1.500,00	(6)	1.200,00	(6)		200,00	(7)		

D	Amortiz. Acum. Maquinaria		H
		200,00	(7)

A partir de la información contenida en el Libro Mayor se elabora el asiento de Regularización de Pérdidas y Ganancias, según el procedimiento explicado.

8			31/12/XX		
3.000,00	[700] Ventas				
			a		
				[129] Resultado del ejercicio	3.000,00
3.000,00	[129] Resultado del ejercicio				
			a		
				[600] Compra Mercaderías	800,00
				[681] Dot. Amortiz. Maqui.	200,00
				[610] Variación Exist. de mercaderías	300,00
	Regul. de Pérdidas y Ganancias				

Con el asiento anterior en el Libro Mayor debe añadirse la Cuenta de Pérdidas y Ganancias, la cual resume el resultado obtenido. En este caso se trata de un saldo acreedor de 1.300 euros lo cual indica un beneficio para la empresa de este importe.

D	Resultado del Ejercicio		H
1.300,00	(9)	3.000,00	(9)

7.12 Fase 12. Asiento de cierre

El asiento de cierre consiste en saldar todas las cuentas, es decir, hacer que su saldo sea nulo. En este momento, solamente pueden tener saldo las Cuentas Patrimoniales y la Cuenta de Pérdidas y Ganancias. La realización de este asiento es idéntica, de hecho, a la del asiento de apertura pero al revés. En el período siguiente se procederá a realizar el asiento de reapertura, que será idéntico al de cierre, pero se anotará en el Debe del asiento lo que aquí anotamos en el Haber, y se anotará en el Haber lo que aquí anotemos en el Debe.

x		31/12/20XX	
Cuentas de Patrimonio Neto Pasivo de saldo acreedor	a	Cuentas de Patrimonio Neto Pasivo de saldo acreedor	
Resultado del Ejercicio (en caso de beneficios)	a	Resultado del Ejercicio (en caso de pérdidas)	
Asiento de Cierre			

Dado que los importes que figuran en el Debe del asiento se reflejan en el Debe de las cuentas y los importes que figuran en el Haber del asiento se reflejan en el Haber de las cuentas respectivas, al traspasar este asiento a las cuentas, todas ellas quedan con saldo nulo.

El asiento de cierre, último del ciclo contable, permite comprobar que todas las cuentas quedan saldadas. Para el caso que se viene siguiendo,

8		31/12/XX	
5.000,00	[100] Capital Social		
5.300,00	[400] Proveedores		
1.700,00	[129] Resultado del Ejercicio		
		a	
		[213] Maquinaria	2.000,00
		[281] Amort. Acum. Maq.	- 200,00
		[300] Mercaderías	1.200,00
		[430] Clientes	7.500,00
		[572] Bancos	1.500,00

Asiento de cierre

LIBRO MAYOR (31/12/20XX)

D	Maquinaria		H
2.000,00	(1)	2.000,00	(10)

D	Mercaderías		H
1.500,00	(1)	1.500,00	(6)
1.200,00	(6)	1.200,00	(10)

D	Bancos		H
1.000,00	(1)	2.000,00	(5)
2.500,00	(3)	1.500,00	(10)

D	Capital Social		H
5.000,00	(10)	5.000,00	(1)

D	Proveedores		H
2.000,00	(5)	6.500,00	(1)
5.300,00	(10)	800,00	(4)

D	Ventas		H
3.000,00	(10)	3.000,00	(2)

D	Compras de Mercaderías		H
800,00	(4)	800,00	(10)

D	Clientes		H
7.000,00	(1)	2.500,00	(3)
3.000,00	(2)	7.500,00	(10)

D	Variación Exist. Mercaderías		H
1.500,00	(6)	1.200,00	(6)
		300,00	(10)

D	Dot. Amortiz. Maquinaria		H
200,00	(7)	200,00	(10)

D	Amortiz. Acum. Maquinaria		H
200,00	(10)	200,00	(7)

D	Resultado del Ejercicio		H
1.300,00	(9)	3.000,00	(9)
1.700,00	(10)		

7.13 Fase 13. Elaboración y presentación de los estados financieros

El asiento de cierre (Fase 12) guarda paralelismo con el Balance de Situación. En efecto, las cuentas del Haber del asiento de cierre figuran en el Activo del Balance, mientras que las del Debe lo hacen en el Patrimonio Neto Pasivo. Los documentos en que se presenta la información contable ya son conocidos: Balance de Situación y Cuenta de Resultados.

BALANCE DE SITUACIÓN A 31 DE DCIEMBRE DE 20XX			
ACTIVO		PATRIMONIO NETO PASIVO	
Maquinaria	2.000	Capital Social	5.000
Amort. Acum. Map	-200	Resultado del Ejercicio	1.700
Mercaderías	1.200	Proveedores	5.300
Clientes	7.500		
Bancos	1.500		
TOTAL	12.000	TOTAL	12.000

CUENTA DE RESULTADOS A 31 DE DICIEMBRE DE 20XX	
OPERACIONES CONTINUADAS	Año 20XX
1. Importe neto de la cifra de negocios	3.000
a) Ventas	3.000
2. Variación de Existencias de Mercaderías	(300)
3. Trabajos realizados para su activo	
4. Aprovisionamientos	(800)
5. Otros ingresos de explotación	
6. Gastos de personal	
7. Otros gastos de explotación	
8. Amortización del inmovilizado	(200)
9. Imputación de subvenciones....	
10. Excesos de provisiones	
11. Deterioro y enajenaciones de inmovilizado	
A.1) RESULTADO DE EXPLOTACIÓN	1.700
A.2) RESULTADO FINANCIERO	
A.3) RESULTADO ANTES DE IMPUESTOS	1.700

8 Supuestos prácticos: Enunciados de asientos contables

8.1 Compras

1) Compra de mercaderías a crédito por 6.010,12 €, más un 18% de IVA[12].

2) La empresa devuelve géneros a un proveedor por valor de 1.202,02 €, por no cumplir las especificaciones de calidad, más un 18% de IVA.

3) Por haber superado el número de pedidos, establecido previamente, a nuestro proveedor nos concede un descuento de 400 €, con un IVA del 18%.

4) Compra de mercaderías por 3.800 € con un IVA incluido del 18%. Se paga en efectivo.

5) Se paga con cheque una factura de 500 € con un IVA incluido del 18% de uno de los proveedores, obteniendo un descuento de 10% por pronto pago.

6) Se remite a un proveedor una transferencia bancaria por un importe de 1.200 € a cuenta de un pedido especial de materias primas auxiliares.

   a) Unos meses después, se materializa la compra anterior, de manera que el proveedor entrega el material encargado. El importe de la factura es 7.000 € más un IVA del 18%.

7) Recibimos el albarán correspondiente a una remesa de géneros adquirida a 30 días por 5.108,6 €.

   a) Se recibe la factura correspondiente a la compra anterior.

8) Se adquieren géneros por 1.000 €, a 30 días, recibiendo factura de los mismos, en la que se incluyen además envases con facultad de devolución por un importe de 100 €.

   a) Se devuelven, dentro del plazo acordado, la mitad de los envases anteriores, y se queda con la otra mitad con toda seguridad.

---

[12] Hemos considerado para la realización de los ejercicios un impuesto sobre el valor añadido (IVA) del 18%. Este porcentaje puede variar en función de la legislación vigente, el sector o el país.

8.2 Inversiones

9) Se ha contratado a una empresa de Galicia la construcción de una piscifactoría de truchas sobre unos terrenos de propiedad. El presupuesto de la obra asciende a 480.000 € más un 18% de IVA, entregando el 10% mediante una transferencia bancaria al contratar la obra.

A finales de Mayo, al terminar la construcción de la piscifactoría de truchas, se recibe la factura por el importe que queda pendiente de pago más 1.100 € de intereses por quedar el pago aplazado a 18 meses. El IVA es del 18%.

10) Se compra un ordenador por 1.400 € con un IVA del 18%. Se paga mediante una letra a 90 días.

11) Se compra una cafetera para la sala de juntas de la empresa. El precio de adquisición de dicha cafetera es de 300 € más un IVA del 18%.

12) Se compra un equipo de ósmosis inversa y descalcificación de agua por valor de 3.000 € más un IVA del 18%. Se pagan al contado 1.800 € reteniendo durante un año y medio el resto, como garantía del correcto funcionamiento.

13) Una empresa cuya actividad es el envasado de frutos secos, distribuye sus productos a través de una empresa comercial propia, estando ambas actividades sujetas al régimen de

IVA. Un ordenador con un precio de adquisición de 1.840 € y una amortización acumulada de 800 € que estaba en la oficina de la planta de envasado, es trasladado a la oficina de la empresa comercial a principios de enero. El precio de transacción es el valor neto contable, es decir, precio de adquisición menos amortización acumulada.

14) La dirección considera concluidos los trabajos de instalación de un robot para la manutención de las prensas, realizados por el propio personal de la empresa. Se estima que los gastos de dicha instalación ascienden a 4.400 €. Al mismo tiempo el software de programación de dicho robot, obtenido por el departamento de Sistemas Informáticos ha ascendido a 11.567,97 €.

15) Se ha encargado a una empresa constructora la edificación de la nueva sede de las oficinas. La empresa constructora emite la última certificación de obra cuyo importe es de 15.800,16 €, más un 18% de IVA, que se paga mediante un cheque bancario. Las tres certificaciones anteriores tenían un importe de 15.800,16 €.

8.3 Gastos

16) Se compran sellos en el estanco número 5 de Terrassa, por un valor de 85 €.

17) Se adeuda a un agente comercial comisiones por un importe de 450,72 €. El IVA de la operación es del 18% y la retención practicada en concepto de IRPF es del 15%.

   a) Se paga en efectivo la deuda contraída con el agente comercial.

18) El importe del Impuesto sobre Bienes Inmuebles asciende a 456,89 €. Ha sido pagado a través de la cuenta corriente del banco.

19) Una hamburguesería-fast food, ha comprado 2.000 camisetas de un conocido diseñador de Barcelona, con un coste unitario de 12 €, para ser vendidas al público en general. Para promocionar estas camisetas se ha decidido regalar 100 unidades entre los primeros clientes del nuevo burguer.

20) Del material de oficina cargado en la cuenta [6291] Material de oficina, queda material sin gastar por 765 € al cerrar el ejercicio.

8.4   Ventas

21) Venta de mercaderías a crédito por un importe de 8.368 €, más un IVA del 18%.

22) Se venden mercaderías por 2.800 €, cobrando al contado mediante un cheque bancario. Se concede un descuento del 5% por pronto pago en la factura. El IVA es del 18%.

23) Un cliente cuyo saldo acreedor es de 2.800 € es declarado por el juez correspondiente en concurso de acreedores (antigua suspensión de pagos). Se contabiliza un deterioro de valor (antigua provisión) por el importe total.

24) El cliente anterior paga 1.500 € mediante una transferencia bancaria, considerándose el resto definitivamente perdido.

25) Vendemos mercaderías a crédito por 6.010,12 €, cargando además al cliente envases y embalajes, con facultad de devolución, por 300,51 €. La operación esta gravada a un tipo normal de IVA 18%.

26) El día 23/04/XX se produce el vencimiento de un crédito de 1.200,02 € contra un cliente que no paga. El cliente acepta una letra a tres meses por el importe del crédito más 24 € de gastos y 180,30 € de intereses por aplazamiento más IVA.

27) Se remite género por 1.900 € a un cliente, estando aún la factura pendiente de formalizar. Se incluyen unos envases con facultad de devolución por un valor de 200 €.

   a) Se remite la factura de la remesa anterior, a 30 días.

   b) El cliente devuelve la mitad de los envases y la otra mitad los ha extraviado y se consideran como vendidos.

28) Un matadero de ganado vende una partida de productos cárnicos a un cliente habitual por 2.000 €, al cual se compromete a pagar al cabo de 30 días. Transcurridos los 30 días:

   a. El cliente paga mediante un cheque bancario.

   b. El cliente no paga ni en semanas sucesivas y la dirección del matadero teme que no cobrará:

   • Dota una provisión para insolvencias.

- El cliente paga 500 €, debiendo considerarse el resto como definitivamente incobrable.

29) Se venden géneros a crédito por 2.600 € a 30 días con un descuento incluido en la factura de 185 € por una promoción de lanzamiento del producto, según indicaciones del departamento de marketing.

30) Se emite una factura de abono a un cliente por un valor de 332 € en correspondencia al volumen de operaciones del año.

31) Al llegar el vencimiento de una factura emitida a un cliente por un importe total de 100 €, éste no lo hace efectivo. La empresa dota una provisión por el importe total.

   a) Se produce la resolución definitiva del cliente de dudoso cobro: La empresa cobra un 80% y considera como definitivamente incobrable el resto.

32) Se venden mercaderías por un importe de 200 € IVA incluido. Se gira una letra al cliente, a 60 días, por el total de la venta. La letra es aceptada por el cliente.

   a) Se descuenta la letra anterior al banco. Éste carga 12 € en concepto de intereses y 2 € por gastos de gestión.

   b) Llegado el vencimiento de la letra, el banco comunica que no ha sido atendido el cobro. La empresa paga al banco su importe y 3 € en concepto de gastos de devolución de efectos. Además dota la correspondiente provisión.

8.5   Periodificación

33) El 1 de abril de 20XX se paga el alquiler de uno de los edificios que la empresa utiliza correspondiente a un año, siendo su importe de 6.010,12 €, más el 18% de IVA.

34) Al cierre del ejercicio económico procede realizar el correspondiente ajuste por periodificación para separar el gasto que corresponde el ejercicio siguiente.

35) Al cerrar el ejercicio, una empresa tiene pendientes de pago 1.334 € del alquiler de diciembre cuyo recibo llegará en el ejercicio siguiente.

   a) Tal como estaba previsto en el ejercicio siguiente llega el recibo del alquiler de diciembre que se paga en efectivo.

8.6 Ingresos

36) La empresa cobra mediante un cheque bancario 3.100 € con un IVA incluido del 18%, a otra empresa por alquiler de un local que tiene disponible.

37) Al cierre del ejercicio, comprueba que 1.000 dólares disponibles en caja han incrementado su valor en 72,12 € sobre su precio de adquisición, al ser cambiados en el banco. Contabiliza este ingreso.

38) El alquiler mensual de un local propio asciende a 600 €, al cerrar el ejercicio no se ha extendido ni contabilizado los recibos de los tres últimos meses.

39) Por servicios de mediación prestados accidentalmente facturamos, en concepto de comisiones 300 €, a 30 días.

8.7 Subvenciones

40) Hemos recibido comunicación escrita de la Administración Pública por la concesión de una subvención que habíamos solicitado de 3.000 € para cubrir los déficits de explotación derivados de unas inundaciones.

41) Cobramos la subvención anterior mediante una transferencia a la cuenta bancaria.

42) La Administración Pública ingresa, a inicio del año, en la cuenta corriente del banco de un centro especial de trabajo, 60.000 € como consecuencia de una subvención de capital para la adquisición de una máquina. Esta máquina tendrá una vida útil de 10 años.

8.8 Entidades financieras

43) El banco abona en cuenta la liquidación de los intereses del periodo, siendo el importe íntegro 200 € (retención del 19%).

44) Se compra un material mediante dinero efectivo 1.000 dólares, a un cambio de un dólar un euro. La comisión bancaria de cambio es de 6 €.

45) Una empresa concierta una póliza de crédito de 18.072 € por el plazo de seis meses a través de una entidad financiera.

a. Dispone de 6.024 € de la póliza y la ingresa en la cuenta corriente.

b. Los gastos de formalización satisfechos con cargo a la póliza ascienden a 241 €.

c. Paga a un proveedor 11.807 € a través de la cuenta de crédito.

d. Cobra de un cliente 9.638 € y ingresa en la cuenta de crédito.

e. Reintegra a través de la cuenta corriente, al vencer el plazo de la totalidad del crédito dispuesto y paga los intereses que ascienden a 1.205 €.

46) En el extracto de la cuenta del banco aparece un abono de 912,2€. El remitente es desconocido.

47) Una sociedad negocia y obtiene un préstamo de un banco por el que ingresa 50 millones de € que devolverá en dos pagos iguales, dentro del siguiente año el primer pago y dentro de dos años el segundo. Escribir los asientos necesarios.

a. Por la concesión del préstamo.

b. Por el primer pago y por la reclasificación de la deuda.

c. Por el último de los pagos .

48) Se contrata un préstamo con una entidad financiera por el que nos conceden 30 millones de € cobrándose los intereses de dos años por anticipado por 4.200.000 € en total. Al cabo de dos años se amortiza todo el préstamo. Contabilizar los siguientes hechos:

• La concesión del préstamo, por un líquido inferior al nominal por los intereses pagados por anticipado.

• La imputación de resultados de los intereses anticipados y la reclasificación de la deuda.

• La imputación a resultados del resto de intereses y por la cancelación de la deuda, en el segundo año.

49) Se vende un producto a 90 días por importe de 10.000 € más el IVA del 18%. Debido a la falta de liquidez de la empresa, deciden llevar la factura al descuento. El Banco le carga unos intereses por el descuento de 275 €. Si llegado el vencimiento, el cliente no paga, el

banco cargará a la empresa unos intereses de demora de 80 € más una comisión por impago de 110 €. Contabilizar la emisión de la factura, y:

    a.   Llevar la factura al descuento.

    b.   A vencimiento, el cliente paga la factura.

    c.   A vencimiento, el cliente no paga la factura.

50) La empresa presenta la misma situación que en el ejercicio anterior (49) pero en vez de optar por un descuento de efectos, quiere realizar un factoring sin recurso.

Existen dos tipos de *factorings*. Los *factorings* con recurso o sin recurso. La única diferencia reside en que los *factorings* con recurso el riesgo de impago no se trasfiere a la entidad bancaria que presta el servicio, y en los *factorings* sin recurso, sí. Con los *factorings*, aparece el concepto de reserva. Es un porcentaje sobre el importe de la factura que el banco retiene hasta que el cliente paga. Es como una fianza ante la posibilidad de impago. El *factoring* con recurso se contabiliza como si fuera un descuento comercial. Contabilizar los siguientes hechos:

    a.   Realizar un *factoring* sin recurso a la factura emitida. El banco hace una reserva del 15%.

    b.   A vencimiento, el cliente paga la factura.

    c.   A vencimiento, se produce el impago por parte del cliente.

8.9   Provisiones

51) La empresa tiene un litigio pendiente de resolución por una acusación de delito ecológico, por lo que procede a dotar una provisión de 12.048 €.

    a)   Se resuelve el juicio anterior y la sentencia condena a un pago de 15.060 €.

52) Por un despido improcedente, recurrido ante los Tribunales de Justicia, una empresa dota una provisión, estimando la indemnización en 14.432 €.

    a)   La sentencia dictada en el año siguiente, ha estimado la indemnización en 15.200 €.

    b)   La sentencia dictada en el año siguiente, ha estimado la indemnización en 13.500 €.

53) Tres de los pilares de la nave industrial han experimentado un cierto hundimiento, debido a deficiencias en las zapatas de cimentación. La empresa dota una provisión de 22.768 € para las obras de reparación.

   a) Realizadas las reparaciones, éstas suponen unos gastos de 20.678 €, que se pagan mediante un cheque bancario.

54) La empresa Alfa, S.L. efectúa una corrección valorativa sobre un terreno que adquirió hace nueve años, por 54.216 €, al estimar en 18.072 € su depreciación por una expropiación municipal (para la construcción de una rotonda).

   a) La misma empresa Alfa, S.L. vende el terreno anterior por 34.350 € cobrándolo mediante cheque bancario.

8.10 Personal

55) Se paga la nómina de la plantilla de la empresa a través de bancos correspondiente al mes de abril, según el siguiente desglose:

Sueldos y salarios netos	4.567,78 €
IRPF retenido	450,76 €
Seguridad Social retenida a empleados	240,40 €
Seguridad Social a cargo de la empresa	1.382,33 €

a) Realizar el ejemplo anterior suponiendo que por dificultades de tesorería, sólo es posible pagar 2.000 €. Además, en el mes marzo se habían anticipado 1.000 € a cuenta de la nómina del mes de abril.

56) Se realizan los siguientes pagos mediante cheques bancario

Patrocinio del equipo de fútbol sala	500 €
Cursos de formación del personal	950 €

57) Se entregan 30.050 € al Banco Equis como aportación a un plan de pensiones a favor de los trabajadores:

a) Contabilizar la operación anterior si el fondos de pensiones estuviese constituido por la propia empresa.

b) Se materializa la provisión de fondo adquiriendo 400 obligaciones del Tesoro de 60 € nominales, al 12% de interés.

c) Si se cobra mediante ingreso en la cuenta corriente del Banco Equis, los intereses semestrales de la inversión anterior.

58) Se hace una transferencia bancaria a la cuenta corriente de un empleado como adelanto a cuenta de la nómina, por valor de 450 €.

8.11 Aportaciones de los socios

59) Uno de los socios de la empresa Colas Especiales, S.L. aporta a la empresa un ordenador de su propiedad que está valorado en 1.200 €.

60) Un emprendedor va a crear su empresa. Para ello hace una aportación de 45.700 € que deposita en una cuenta bancaria.

61) Cuatro compañeros de la universidad constituyen una sociedad aportando los siguientes bienes:

Mesas, sillas, armarios archivadores y estanterías	15.098 €
Una furgoneta	20.567 €
Un ordenador y una impresora	1.200 €
Un video-proyector con tecnología LCD, SVGA de 1.500 ansilumens	1.190 €
Dinero efectivo	5.876 €

62) El mismo empresario del caso anterior retira para su uso particular una cámara de fotos cuyo precio de adquisición fue de 400 € y estaba amortizado en un 75%. Para el empresa, esta operación no genera beneficio ni pérdida.

63) El accionista Isidro Puig aporta a la empresa, dentro del plazo escriturado, un garaje de su propiedad, que había sido tasado en 66.111 € de los que el 20% corresponden al valor del solar.

64) La sociedad anónima Triplo S.A., se constituye con 5.000 acciones de 500 € cada una. El 50% del capital se desembolsará en el momento de otorgar la escritura fundacional ante notario, y el 50% restante al cabo de un año y medio.

65) La sociedad Maxcana, S.A. se constituye con 100.000 acciones de 100 € cada una, que sus socios desembolsan mediante transferencia bancaria salvo uno de ellos que posee 20.000 acciones que aportará un inmueble por valor de 1,5 millones de € y maquinaria por valor de 500.000 €.

8.12 Fianzas

66) La empresa Distribuciones de Gas, S.A., recibe de la empresa Tintorería Elena, S.L., el día 23 de abril, a través de una transferencia bancaria 9.100 € en concepto de fianza. De esta manera, queda prácticamente garantizada la devolución de unos depósitos que Distribuciones de Gas a puesto a disposición de Tintorería Elena para ser utilizados durante el presente año.

   a) Al finalizar el contrato, debido al deterioro que han sufrido algunos de los depósitos de gas, solo devuelve 7.700 €.

8.13 Gastos I+D

67) Una empresa concluye con éxito el proyecto Pomatoe, un proyecto de investigación consistente en la obtención de una patata con gusto a tomate (ideal para elaborar, con la textura adecuada, la sopa de tomate muy apreciada en EE.UU.). La inversión ha ascendido a 90.500 €. En concepto de registro se paga un cheque de 5.000 €.

a) Hace algunos años la empresa detectó que los consumidores prefieren el muslo que la pechuga del pollo, lo cual originó el proyecto 4PATAS (cuyo objetivo obviamente, era conseguir un pollo de cuatro patas). Si bien se tienen motivos fundados del éxito técnico obtenido, el mercado no ha aceptado esta flagrante manipulación genética. La inversión total en dicho proyecto, ha ascendido a 120.000 €.

8.14 IVA

68) Al final del primer trimestre la cuenta H.P. IVA soportado presenta un saldo deudor de 4.500,67 € y la cuenta de H.P. IVA repercutido un saldo acreedor de 12.567,65 €. Contabilizar la declaración-liquidación del IVA correspondiente a este periodo, en otras palabras efectúan la regularización del IVA.

8.15 Resultados

69) Mensajeros Reunidos, S.L. obtiene en el ejercicio 20XX un beneficio de 11.000 euros. Los socios de la empresa se reúnen a finales de enero del año siguiente, para aprobar las cuentas y deciden aplicar de los 11.000 € de beneficio, 5.000 a las Reservas Legales y 6.000 a la compensación de las pérdidas del año anterior.

70) Después de afectar los asientos de regularización de P y G, el beneficio neto de una empresa resulta ser de 5.654 €. Contabilizar el gasto del Impuesto de Sociedades, considerando una tasa del 25%. A continuación cerrar la cuenta de gastos.

71) El beneficio después de impuestos de una Sociedad Anónima en el último ejercicio contable es de 3.957,8. La distribución de resultados aprobada por la Junta de Accionistas es la siguiente:

395,78	[112]	Reserva legal
1.767	[121]	Compensación de pérdidas de ejercicios anteriores
1.250	[525]	Dividendos
345,88	[113]	Reservas voluntarias

72) Una empresa ha obtenido en un ejercicio económico 7.890,12 € de pérdidas que se espera compensar con resultados positivos de ejercicios futuros.

73) Contabilizar el Impuesto de Sociedades si el beneficio en una empresa ha sido de 200.000 €, considerando una tasa del 30% y que la cuenta [473] HP Retenciones y Pagos a Cuenta tiene un saldo deudor de 40.000 €.

Nota: Aunque en la realidad, los primeros 120.202,41 € de beneficio tributarían al 25% y el resto al 30%, para facilitar el cálculo, consideraremos solamente la tasa del 30%.

8.16 Inmovilizado en curso

74) En un solar propiedad de una empresa se ha decidido la construcción de unas oficinas comerciales. El solar figura contabilizado en la cuenta [210] Terrenos y bienes naturales, por un valor de 150.000 €. La construcción se inicia en el mes de noviembre y finaliza en febrero del año siguiente, por lo que al cierre del ejercicio se debe contabilizar un inmovilizado en curso ([231] Construcciones en curso).

Un certificado de obra es equivalente a una factura, en donde el constructor detalla el valor de lo construido durante un período (generalmente un mes), comprometiéndose el cliente a proceder a su pago una vez aceptado y de acuerdo con las condiciones establecidas en el contrato firmado entre las partes. En este caso los certificados de obra son:

a) Mes de noviembre	35.000 €
b) Mes de diciembre	40.000 €
c) Mes de enero	44.000 €
d) Mes de febrero	50.000 €
e) Total	*169.000 €*

8.17 Amortización

75) Había una vez una emprendedora que creó una empresa de servicios y se convirtió en: taxista. Esta mujer se dirigió a un Banco que le prestó 10.000 € mediante un préstamo bancario a una entidad financiera. Además contó con otros 10.000 € que le prestó su abuelita, a la que veía los viernes a la hora de comer.

La taxista tenía un buen marido y dos hijos. Sus ingresos anuales le permitieron durante los cinco años siguientes a la puesta en marcha de la empresa del taxi, pagar todas sus facturas, los colegios, la hipoteca de su piso, el dentista, alquilar un apartamento en la playa en verano y también el reembolso del préstamo al banco.

Hoy cinco años después la taxista recuerda un hecho muy triste: la muerte de su abuelita. También se ha dado cuenta que su vehículo ha perdido parte de su capacidad de prestar servicio y cuando algún cliente le pide ir a Lugo... no puede prestar el servicio. Su capacidad de generar negocio ha disminuido, y el valor del automóvil es solamente de 1.000 €. Estos mil € representan el valor residual del taxi. Ahora que debe adquirir un vehículo nuevo, se da cuenta de que carece de los diez mil € iniciales necesarios como primer plazo, ya que su inversión inicial no ha sido recuperada de los ingresos generados, y desgraciadamente su abuelita falleció.

Es evidente que la taxista debería haber amortizado 19.000 € durante la vida útil del taxi. Esto le hubiera permitido establecer el beneficio verdadero del período y, además presentar el capital consumido como un gasto en su declaración de impuestos. Este sencillo ejemplo pone de manifiesto los aspectos fundamentales de la amortización, ¿cuáles son? Desde la perspectiva de la construcción de asientos: ¿Qué asiento debería haber realizado el taxista?

8.18 Ciclo contable

76) Una empresa comercial presenta el siguiente Balance de Situación:

ACTIVO		PATRIMONIO NETO y PASIVO	
Mercaderías	7.500	Capital Social	6.000
Clientes	2.000	Proveedores	5.250
Bancos	1.750		
TOTAL	11.250	TOTAL	11.250

A lo largo del ejercicio contable se han producido los siguientes hechos económicos y financieros:

- El día 2 de febrero, se recibe una factura de un proveedor, por la compra de mercaderías por valor de 360 euros, con un IVA de 64,8 euros (18%).
- El día 7 de junio, se venden mercaderías por valor de 400 euros con un IVA del 18% (72 euros). El cliente paga al contado mediante un cheque bancario.
- El día 31 de diciembre se compran a crédito, unas estanterías para el almacén por valor de 850 euros con un IVA adicional de 153 euros (18%).
- Después de un inventario físico de existencias, por el método FIFO, se sabe que el valor total final de los stocks es de 8.000 euros.

Como puede observarse, se ha introducido el IVA para que el lector pueda ver como se opera, especialmente en el caso de su regularización, que obliga a introducir un asiento tal como el siguiente:

x	31/12/20XX	
(477) HP IVA Repercutido		(472) HP IVA Soportado
(470) HP Deudor por IVA (*)	a	(475) HP Acreedor por IVA (*)
Regularización del IVA		

Nota: (*) Será deudor o acreedor según el IVA soportado sea mayor que el IVA Repercutido o viceversa, de manera que las cuentas señaladas (*) no aparecerán simultáneamente.

● ● ●

8.19 Regulaciones

77) Una empresa dispone del siguiente Balance de Comprobación de Sumas y Saldos a 31 de diciembre. Según un asesor externo, todos los gastos de la empresa son fiscalmente aceptables y por tanto, deducibles para el Impuesto de Sociedades.

CONCEPTO	DEBE	HABER	DEBE	HABER
Capital Social		343.014		343.014
Banco	832.000	527.804	304.196	
Mercaderías	377.000	177.000	200.000	
Rappels por compras		49.000		49.000
Clientes	310.000	198.000	112.000	
Proveedores	80.000	204.000		124.000
Efectos a cobrar impagados	50.900		50.900	
Descuent. s/compras pronto pago		3.005		3.005
Ventas		472.000		472.000
Devoluciones de compras		4.300		4.300
Descuentos s/ventas pronto pago	7.525		7.525	
Préstamo hipotecario		96.700		96.700
Ingresos por arrendamientos		10.570		10.570
HP IVA soportado	14.200		14.200	
HP IVA repercutido		15.100		15.100
Gastos Seguridad Social	2.400		2.400	
Organismos Seg. Social Acreedora	1.000	2.504		1.504
Anticipos de remuneraciones	520	100	420	
Trabajos para el Inmov. Material		7.820		7.820
Compras	349.000		349.000	
HP Acreedora Retenciones IRPF	300	928		628
Variación Exist. Mercaderías	177.000	200.000		23.000
Caja	10.000		10.000	
Maquinaria	140.000		140.000	
Amortización Acum. I.Material		50.000		50.000
Dot.Amortización I.Material	10.000		10.000	
TOTALES	2.361.845	2.361.845	1.200.641	1.200.641

a) Efectuar todas las regularizaciones necesarias (haciendo los asientos necesarios) previas a la presentación fiscal de los Estados Financieros de esta empresa.

b) La Junta de accionistas tiene previsto reunirse el 4 de abril del año siguiente para realizar la siguiente distribución de Resultados: 20% participaciones de socios y administradores, 20% reservas voluntarias, 20% reservas estatutarias, reservas legales 10% y 20.000 euros en concepto de dividendos. Contabilizar esta distribución de resultados, teniendo en cuenta una tasa del Impuesto de Sociedades del 30%.

78) Una empresa dispone del siguiente Balance de comprobación de Sumas y Saldos a 31 de diciembre. Según un asesor externo, todos los gastos de la empresa son fiscalmente aceptables y por tanto, deducibles para el Impuesto de Sociedades.

Se sabe que la política de amortización de la empresa es constante o uniforme del 10% para el mobiliario y 20% para la maquinaria.

El trabajo a realizar consiste en:

a) Efectuar todas las regularizaciones necesarias previas a la presentación fiscal de las Cuentas Anuales de esta empresa.

b) La Junta de accionistas ha decidido la siguiente distribución de Resultados: 50% reservas voluntarias, 40% reservas estatutarias y en cumplimiento de la ley vigente, 10% reservas legales. Contabilizar esta distribución de resultados.

CONCEPTO	DEBE	HABER	DEUDORES	ACREEDORES
Capital Social		417.000		417.000
Caja	124.000	39.000	85.000	
Mercaderías	160.000	50.000	110.000	
Mobiliario	80.000		80.000	
Maquinaria	120.000		120.000	
Clientes	310.500	80.000	230.500	
Proveedores	20.000	70.000		50.000
Descuent. s/compras pronto pago		2.000		2.000
Ventas		152.000		152.000
Suministros	400		400	
Reparaciones y conservación	600		600	
Arrendamientos y cánones	5.000		5.000	
Descuentos s/ventas pronto pago	2.000		2.000	
Ingresos por arrendamientos		6.000		6.000
Sueldos y Salarios	15.000		15.000	
Compras	35.270		35.270	
Gastos Seguridad Social	10.804		10.804	
Organismos Seg. Soc. Acreedores		5.494		5.494
HP. IVA Soportado	7.200		7.200	
HP IVA repercutido		9.280		9.280
Variación de Exist. Mercaderías	50.000	110.000		60.000
TOTALES	940.774	940.774	701.774	701.774

9 Supuestos prácticos: Soluciones

9.1 Compras

1) Compra de mercaderías a crédito por 6.010,12 € más un 18% de IVA.

1		23/04/XX	
6.010,12	[600] Compras		
1.081,82	[472] HP IVA Soportado		
		a	
		[400] Proveedores	7.091,94

2) La empresa devuelve géneros a un proveedor por valor de 1.202,02 €, por no cumplir las especificaciones de calidad, más un 18% de IVA.

2		23/04/XX	
1.418,38	[400] Proveedores		
		a	
		[608] Devol. compras	1.202,02
		[472] HP IVA Soportado	216,36

Nota: Las cuentas de gastos (grupo 6) tienen una naturaleza deudora, por esto se utilizará el signo negativo, en la cuenta [608], restando valor a las compras (grupo 60x). Para el caso de la cuenta [472] los apuntes en el Haber del asiento tendrán que ser restados del total de IVA soportado.

3) Por haber superado el número de pedidos a nuestro proveedor, establecido previamente, nos concede un descuento de 400 euros, con un IVA del 18%.

3		23/04/XX	
472,00	[400] Proveedores		
		a	
		[609] Rappeles de compras	400,00
		[472] HP IVA Soportado	72,00

Nota: Las cuentas de gastos (grupo 6) tienen una naturaleza deudora, por esto se utilizará el signo negativo, en la cuenta [608], restando valor a las compras (grupo 60x). Para el caso de la cuenta [472] los apuntes en el Haber del asiento tendrán que ser restados del total de IVA soportado.

4) Compra de mercaderías por 3.800 euros con un IVA incluido del 18%. Se paga en efectivo.

4		23/04/XX	
3.220,34	[600] Compras		
579,66	[472] HP IVA Soportado		
		a	
		[400] Proveedores	3.800
3.800	[400] Proveedores		
		a	
		[540] Caja	3.800

Nota: El procedimiento para hallar la base de la factura consiste en dividir el total factura por 1,18. El hecho de pagar al contado no elimina la necesidad de utilizar la cuenta de proveedores (aunque desde el punto de vista académico algunos autores no lo contemplan).

5) Se paga con cheque una factura de 500 euros de uno de los proveedores, obteniendo un descuento de 10% por pronto pago.

5.a		23/04/XX	
423,73	[600] Compras		
76,27	[472] HP IVA Soportado		
		a	
		[400] Proveedores	500,00

5.b		23/04/XX	
50,00	[400] Proveedores		
		a	[606] Descuento sobre compras por pronto pago	42,37
			[472] H.P. IVA Soportado	7,63
450,00	[400] Proveedores		
		a	
		[572] Bancos	450,00

Nota: En el punto 5.a se contabiliza la compra. En el punto 5.b hay que decir que en el Plan General Contable, el descuento por pronto pago es considerado como menor importe de la compra/venta. Al calcular el menor valor de la compra/venta, también se debe tener presente el IVA de ese descuento (descuento + 18% por el IVA del descuento = 50).

● ● ●

6) Se remite a un proveedor una transferencia bancaria por un importe de 1.200 euros a cuenta de un pedido especial de materias primas auxiliares.

6		23/11/XX		
1.016,95	[407] Anticipos proveedores			
183,05	[472] HP IVA Soportado			
		a		
			[572] Bancos	1.200,00

Nota: Aunque muchas empresas no lo hacen, la cuenta [472] se debe considera en el momento de realizar el anticipo ya que el impuesto se devenga en el momento en que se efectúa el pago o cobro de anticipos. Al recibir 1.200 euros, en el anticipo del proveedor hay que descontar el IVA. En el momento de realizar de compra, el IVA aplicado en el anticipo se descuenta del total a soportar.

Unos meses después, se materializa la compra anterior, de manera que el proveedor entrega el material encargado. El importe de la factura es 7.000 euros más un IVA del 18%.

6.a		07/01/XX+1		
7.000,00	[600] Compras			
1.260,00	[472] HP IVA Soportado			
		a		
			[400] Proveedores	8.260,00
1.200,00	[400] Proveedores			
		a		
			[407] Anticipos proveed.	1.016,95
			[472] HP IVA Soportado	183,05

7) Recibimos el albarán correspondiente a una remesa de géneros adquirida a 30 días por 5.108,6 euros.

7		23/04/XX		
5.108,60	[600] Compras			
919,55	[472] HP IVA Soportado			
		a		
			[4009] Proveedores facturas pendientes de recibir	6.028,15

Nota: El impuesto se devenga en el momento de entrega de las mercaderías

• • •

Se recibe la factura correspondiente a la compra anterior

7.a		23/05/XX	
6.028,15	[4009] Proveedores facturas pendientes de recibir		
		a	
		[400] Proveedores	6.028,15

8) Se adquieren géneros por 1.000 euros, a 30 días, recibiendo factura de los mismos, en la que se incluyen además envases con facultad de devolución por un importe de 100 euros.

8.a		23/04/XX	
1.000,00	[600] Compras		
100,00	[406] Envases y embalajes a devolver a proveedores		
198,00	[472] HP IVA Soportado		
		a	
		[400] Proveedores	1.298,00

Nota: El tratamiento contable de las transacciones con envases difiere si se trata de envases recuperables o no. El precio del envase o del embalaje no recuperable se incluirá en el precio del producto y su importe no será detallado en la factura correspondiente. Cuando los envases son recuperables es preciso identificar su valor y incluirlo de forma separada en la factura, ya que pueden ser objeto de devolución y, consecuentemente, de reintegro de su valor.

Se devuelven, dentro del plazo acordado, la mitad de los envases anteriores, y se queda con la otra mitad con toda seguridad.

8.b			
50,00	[602] Compras de otros aprovisionamientos		
59,00	[400] Proveedores		
		a	
		[406] Envases y embalajes a devolver a proveedores	100,00
		[472] HP IVA Soportado	9,00

Nota: La no devolución de los envases adquiridos en las compras da lugar a una compra. Hay que descontar el IVA soportado de los envases que se devuelven.

9.2 Inversiones

9) Se ha contratado a una empresa de Galicia la construcción de una piscifactoría de truchas sobre unos terrenos de propiedad. El presupuesto de la obra asciende a 480.000 euros más un 18% de IVA, entregando el 10% mediante una transferencia bancaria al contratar la obra.

9		23/11/XX		
48.000,00	[239] Anticipos para Inmovilizados materiales			
8.640,00	[472] HP IVA Soportado			
		a		
			[572] Bancos	56.640,00

Nota: Aunque muchas empresas no lo hacen, la cuenta [472] se debe considera en el momento de realizar el anticipo ya que el impuesto se devenga en el momento en que se efectúa el pago o cobro de anticipos. En el momento de realizar de compra, el IVA aplicado en el anticipo se descuenta del total a soportar.

A finales de mayo, al terminar la construcción de la piscifactoría de truchas, se recibe la factura por el importe que queda pendiente de pago más 1.100 euros de intereses por quedar el pago aplazado a 18 meses. El IVA es del 18%.

9.a		30/05/XX+1		
480.000,00	[600] Instalaciones técnicas			
86.400,00	[472] HP IVA Soportado			
		a		
			[239] Anticipos para Inmovilizados materiales	48.000,00
			[472] HP IVA Soportado	8.640,00
			[173] Proveedores de Inmovilizado a largo plazo	509.760,00

Nota: El importe de la cuenta [472] será por la diferencia entre el total de IVA soportado menos el IVA del anticipo

● ● ●

9.b		30/12/XX+1	
427,78	[662] Intereses de deudas		
		a	
		[528] Intereses a corto plazo de deudas	427,78

Nota: Siguiendo el Plan General Contable, hemos devengado los intereses a 31 de diciembre para reflejar correctamente los estados contables al cerrar el ejercicio. El importe de la cuenta [662] lo hemos obtenido prorrateando los intereses totales por los meses transcurridos. 1.100€ * (7 meses / 18 meses) = 427,78€. Empleamos la cuenta "[528] Intereses a c/p de deudas" para reflejar los intereses devengados pero no pagados.

10) Se compra un ordenador por 1.400 euros con un IVA del 18%. Se paga mediante una letra a 90 días.

10		23/04/XX	
1.400,00	[217] Equipos informáticos		
252,00	[472] HP IVA Soportado		
		a	
		[410] Acreedores	1.652,00
1.652,00	[410] Acreedores		
		a	
		[411] Acreedores, efectos a pagar	1.652,00

11) Se compra una cafetera para la sala de juntas de la empresa. El precio de adquisición de dicha cafetera es de 300 euros más un IVA del 18%.

11		23/04/XX	
300,00	[219] Otro inmovilizado material		
54,00	[472] HP IVA Soportado		
		a	
		[410] Acreedores	354,00

12) Se compra un equipo de ósmosis inversa y descalcificación de agua por valor de 3.000 euros más un IVA del 18%. Se pagan al contado 1.800 euros reteniendo durante un año y medio el resto, como garantía del correcto funcionamiento.

12		23/04/XX	
3.000,00	[212] Instalaciones técnicas		
540,00	[472] HP IVA Soportado		
3.540,00	[410] Acreedores		
		a [410] Acreedores	3.540,00
		[572] Bancos	1.800,00
		[180] Fianzas largo plazo	1.740,00

13) Una empresa cuya actividad es el envasado de frutos secos, distribuye sus productos a través de una empresa comercial propia, estando ambas actividades sujetas al régimen de IVA. Un ordenador con un precio de adquisición de 1.840 euros y una amortización acumulada de 800 euros que estaba en la oficina de la planta de envasado, es trasladado a la oficina de la empresa comercial a principios de enero. El precio de transacción es el valor neto contable, es decir, precio de adquisición menos amortización acumulada.

Asiento empresa envasadora:

13		01/01/XX	
800,00	[2817] Amortización acumulada de equipos para procesos de información		
1.227,20	[572] Bancos*		
		a	
		[217] Equipos para procesos de información (EPI's)	1.840,00
		[477] HP IVA Repercutido	187,20

Nota: En vez de utilizar una cuenta de bancos, se puede utilizar una cuenta contable con empresas del grupo. Por ejemplo la cuenta [443] Deudores empresas del grupo.

Asiento empresa comercial:

13		01/01/XX		
1.040,00	[217] Equipos para procesos de información (EPI's)			
187,20	[472] HP IVA Soportado			
		a		
			[572] Bancos	1.227,20

Nota: En vez de utilizar una cuenta de bancos, se puede utilizar una cuenta contable con empresas del grupo. Por ejemplo la cuenta [413] Acreedores empresas del grupo.

14) La dirección considera concluidos los trabajos de instalación de un robot para la manutención de las prensas, realizados por el propio personal de la empresa. Se estima que los gastos de dicha instalación ascienden a 4.400 euros. Al mismo tiempo el software de programación de dicho robot, obtenido por el departamento de Sistemas Informáticos ha ascendido a 11.567,97 euros.

14		23/04/XX		
11.567,97	[206] Aplicaciones informáticas			
		a	[730] Trabajos realizados para Inmovilizado Intangible	11.567,97
4.400,00	[213] Maquinaria			
		a	[731] Trabajos realizados para el Inmovilizado material	4.400,00

15) Se ha encargado a una empresa constructora la edificación de la nueva sede de las oficinas. La empresa constructora emite la cuarta y última certificación de obra cuyo importe es de 15.800,16 euros, más un 18% de IVA, que se paga mediante un cheque bancario. Las tres certificaciones anteriores tenían un importe de 15.800,16 euros

15			23/04/XX		
15.800,16	[231] Construcciones en curso				
2.844,03	[472] HP IVA Soportado				
		a		[410] Acreedores	18.644,19
18.644,19	[410] Acreedores				
		a		[572] Bancos	18.644,19
63.200,64	[211] Construcciones				
		a		[231] Construcciones en curso	63.200,64

9.3 Gastos

16) Se compran sellos en el estanco número 5 de Terrassa, por un valor de 85 euros.

16			23/04/XX		
85,00	[6291] Material de oficina				
		a		[570] Caja	85,00

Nota: Se ha supuesto un pago mediante dinero de caja. Se han considerado los sellos dentro del material de oficina (subcuenta de otros servicios). Los sellos no tienen IVA.

• • •

17) Se adeuda a un agente comercial comisiones por un importe de 450,72 euros. El IVA de la operación es del 18% y la retención practicada en concepto de IRPF es del 15%.

17		23/04/XX	
450,72	[623] Servicios de profesionales independientes		
81,13	[472] HP IVA Soportado		
		a	
		[4751] HP Acreedora por retenciones practicadas	67,61
		[410] Acreedores	464,24

Pagamos en efectivo la deuda contraída con el agente.

17.a		XX/XX/XX	
464,24	[410] Acreedores		
		a	
		[570] Caja	464,24

18) El importe del Impuesto sobre Bienes Inmuebles asciende a 456,89 euros. Ha sido pagado a través de la cuenta corriente del banco.

18		23/04/XX	
456,89	[631] Otros tributos		
		a	
		[572] Banco	456,89

19) Una hamburguesería *fast food*, ha comprado 2.000 camisetas de un conocido diseñador de Barcelona, con un coste unitario de 12 euros, para ser vendidas al público en general. Para promocionar estas camisetas se ha decidido regalar 100 unidades entre los primeros clientes del nuevo burguer.

Compra de las camisetas

19.a		01/04/XX		
24.000,00	[602] Compras de otros aprovisionamientos			
4.320,00	[472] HP IVA Soportado			
28.320,00	[410] Acreedores	a	[410] Acreedores	28.320,00
			[400] Banco	28.320,00

Regalan 100 camisetas:

		23/04/XX		
19.b				
1.200,00	[627] Publicidad, propaganda y RR.PP.			
		a		
			[602] Compras de otros aprovisionamientos	1.200,00

Nota: Se ha utilizado la cuenta [602] en el Haber, para disminuir el importe total de las compras de otros aprovisionamientos debido a que si se regalan 100 camisetas como reclamo publicitario se tiene que contabilizar como un gasto publicitario (cuenta 627). Los gastos hay que asignarlos siempre a las cuentas correspondientes.

20) Del material de oficina cargado en la cuenta [6291] Material de oficina, queda material sin gastar por 765 euros al cerrar el ejercicio.

20		31/12/XX		
765,00	[480] Gastos anticipados			
		a		
			[6291] Material de oficina	765,00

9.4 Ventas

21) Venta de mercaderías a crédito por un importe de 8.368 euros, más un IVA del 18%.

21		23/04/XX	
9.874,24	[430] Clientes		
		a	
		[700] Ventas	8.368,00
		[477] HP IVA Repercutido	1.506,24

22) Se venden mercaderías por 2.800 euros, cobrando al contado mediante un cheque bancario. Se concede un descuento del 5% por pronto pago en la factura. El IVA es del 18%.

22		23/04/XX	
3.304,00	[430] Clientes		
		a	
		[700] Ventas	2.800,00
		[477] HP IVA Repercutido	504,00
140,00	[706] Descuento sobre ventas por pronto pago		
25,20	[477] HP IVA Repercutido		
		a	
		[430] Clientes	165,20
3.138,80	[572] Bancos		
		a	
		[430] Clientes	3.138,80

Nota: En el Plan General Contable, el descuento por pronto pago es considerado como menor importe de la compra/venta. El IVA se calcula a partir de la compra/venta neta, después del descuento por pronto pago.

23) Un cliente cuyo saldo acreedor es de 2.800 euros es declarado por el juez correspondiente en concurso de acreedores (antigua suspensión de pagos). Se contabiliza un deterioro de valor (antigua provisión) por el importe total

23		23/04/XX	
2.800,00	[436] Clientes de dudoso cobro		
	a	[430] Clientes	2.800,00
2.800,00	[694] Pérdidas por deterioro de créditos por operaciones comerciales		
	a	[490] Deterioro de valor de créditos por operaciones comerciales	2.800,00

24) El cliente anterior paga 1.500 euros mediante una transferencia bancaria, considerándose el resto definitivamente perdido.

24		23/04/XX	
1.500,00	[572] Bancos		
1.300,00	[650] Pérdidas de créditos comerciales incobrables		
	a	[436] Clientes de dudoso cobro	2.800,00
2.800,00	[490] Deterioro de valor de créditos por operaciones comerciales		
	a	[794] Reversión Del deterioro de créditos por operaciones comerciales	2.800,00

25) Vendemos mercaderías a crédito por 6.010,12 euros, cargando además al cliente envases y embalajes, con facultad de devolución, por 300,51 euros. La operación está gravada a un tipo normal de IVA 18%.

25		23/04/XX	
7.446,54	[430] Clientes		
		a	
		[700] Ventas	6.010,12
		[437] Envases y embalajes a devolver por clientes	300,51
		[477] HP IVA Repercutido	1.135,91

26) El día 23/04/XX se produce el vencimiento de un crédito de 1.200,02 euros contra un cliente que no paga. El cliente acepta una letra a tres meses por el importe del crédito más 24 euros de gastos y 180,30 euros de intereses por aplazamiento más un IVA.

26		23/04/XX	
1.436,77	[431] Efectos comerciales a cobrar		
		a	
		[430] Clientes	1.200,02
		[769] Otros ingresos financieros	24,00
		[762] Ingresos créditos corto plazo	180,30
		[477] HP IVA Repercutido	32,45

Nota: Los intereses por aplazamiento están sujetos a IVA, según el artículo 29.2.1º del Reglamento.

27) Se remite género por 1.900 euros a un cliente, estando aún la factura pendiente de formalizar. Se incluyen unos envases con facultad de devolución por un valor de 200 euros.

27		23/04/XX		
2.478,00	[4309] Clientes facturas pendientes de formalizar			
		a		
			[700] Ventas	1.900,00
			[437] Envases y embalajes a devolver por clientes	200,00
			[477] HP IVA Repercutido	378,00

Se remite la factura de la remesa anterior, a 30 días.

27.a		23/05/XX		
2.478,00	[430] Clientes			
		a		
			[4309] Clientes facturas pendientes de formalizar	2.478,00

El cliente devuelve la mitad de los envases y la otra mitad los ha extraviado y se consideran como vendidos.

27.b		23/05/XX		
200,00	[437] Envases y embalajes a devolver por clientes			
36,00	[477] HP IVA Repercutido			
		a		
			[430] Clientes	118,00
			[477] HP IVA Repercutido	18,00
			[704] Ventas de envases y embalajes	100,00

28) Un matadero de ganado vende una partida de productos cárnicos a un cliente habitual por 2.000 euros, al cual se compromete a pagar al cabo de 30 días. Transcurridos los 30 días:

28		23/04/XX		
2.360,00	[430] Clientes			
		a		
			[700] Ventas	2.000,00
			[477] HP IVA Repercutido	360,00

a) El cliente paga mediante un cheque bancario

28.a		23/05/XX		
2.360,00	[572] Bancos			
		a		
			[430] Clientes	2.360,00

b) El cliente no paga ni en semanas sucesivas y la dirección del matadero teme que no cobrará:
 • Dota una provisión para insolvencias.

28.b		23/05/XX		
2.360,00	[436] Clientes de dudoso cobro			
2.360,00	[694] Pérdidas por deterioro de créditos por operaciones comerciales			
		a		
			[430] Clientes	2.360,00
			[490] Deterioro de valor de créditos por operaciones comerciales	2.360,00

Nota: La demora del cobro conduce a contabilizar la pérdida potencial según el Principio de Prudencia. Transcurrido un tiempo recupera 500 euros tal como se refleja a continuación. El objetivo de la provisión es reflejar fielmente la situación patrimonial de la empresa.

- El cliente paga 500 euros, debiendo considerarse el resto como definitivamente incobrable.

28.b2		23/05/XX		
500,00	[572] Banco			
1.860,00	[650] Pérdidas de créditos incobrables			
		a		
			[436] Clientes de dudoso cobro	2.360,00
2.360,00	[490] Deterioro de valor de créditos por operaciones comerciales			
		a		
			[794] Revisión del deterioro de créditos por operaciones comerciales	2.360,00

29) Se venden géneros a crédito por 2.600 euros a 30 días con un descuento incluido en la factura de 185 euros por una promoción de lanzamiento del producto, según indicaciones del departamento de marketing.

29		23/04/XX		
2.849,70	[430] Clientes			
		a		
			[700] Ventas	2.415,00
			[477] HP IVA Repercutido	434,70

30) Se emite una factura de abono a un cliente por un valor de 332 euros en correspondencia al volumen de operaciones del año.

30		23/04/XX		
332,00	[709] Rappels de ventas			
59,76	[477] HP IVA Repercutido			
		a		
			[430] Clientes	391,76

● ● ●

31) Al llegar el vencimiento de una factura emitida a un cliente por un importe total de 100 euros, éste no lo hace efectivo. La empresa dota una provisión por el importe total.

31		23/04/XX		
100,00	[436] Clientes de dudoso cobro			
100,00	[694] Pérdidas por deterioro de créditos por operaciones comerciales			
		a		
			[430] Clientes	100,00
			[490] Deterioro de valor de créditos por operaciones comerciales	100,00

Se produce la resolución definitiva del cliente de dudoso cobro: La empresa cobra un 80% y considera como definitivamente incobrable el resto.

31.a		18/09/XX		
80,00	[572] Bancos			
20,00	[650] Pérdida de créditos comerciales incobrables			
		a		
			[436] Clientes de dudoso cobro	100,00
100,00	[490] Deterioro de valor de créditos por operaciones comerciales			
		a		
			[794] Revisión del deterioro de créditos por operaciones comerciales	100,00

32) Se venden mercaderías por un importe de 200 euros IVA incluido. Se gira una letra al cliente, a 60 días, por el total de la venta. La letra es aceptada por el cliente.

32		23/04/XX		
200,00	[300] Clientes			
		a		
			[700] Ventas	169,49
			[477] HP IVA Repercutido	30,51
200,00	[4310] Efectos comerciales a cobrar			
		a		
			[430] Cliente	200,00

Se descuenta la letra anterior al banco, que carga 12 euros en concepto de intereses y 2 euros por gastos de gestión.

32.a		23/06/XX		
186,00	[572] Bancos			
12,00	[665] Intereses dto. efectos			
2,00	[626] Servicios bancarios y similares			
		a		
			[5208] Deudas por efectos descontados	200,00
200,00	[4311] Efectos comerciales descontados			
		a		
			[4310] Efectos comerciales a cobrar	200,00

Llegado el vencimiento de la letra, el banco comunica que no ha sido atendido el cobro. La empresa paga al banco su importe y 3 euros en concepto de gastos de devolución de efectos. Además dota la correspondiente provisión.

32.b		23/06/XX	
200,00	[5208] Deudas por efectos descontados		
3,00	[626] Servicios bancarios y similares		
	a	[572] Bancos	203,00
200,00	[4315] Efectos comerciales impagados		
	a	[4311] Efectos comerciales descontados	200,00
200,00	[436] Clientes de dudoso cobro*		
	a	[4315] Efectos comerciales impagados*	200,00
200,00	[694] Pérdidas por deterioro de créditos por operaciones comerciales		
	a	[490] Deterioro de valor de créditos por operaciones comerciales	200,00

* Como la empresa retiene los riesgos y beneficios de los derechos de cobro, tiene que reclasificar el cliente como un cliente moroso, cuenta 436.

Nota: Dado que la letra no se ha pagado por parte del librado a su vencimiento, se ha procedido al registro de su pago al banco, el cargo de los gastos y la reclasificación del derecho de cobro. Si al llegar al vencimiento de la letra ésta se hubiera satisfecho (no hubiera sido devuelta), el asiento hubiera sido:

X		23/06/XX	
200,00	[5208] Deudas por efectos descontados		
	a	[4311] Efectos comerciales descontados	200,00

9.5 Periodificación

33) El 1 de abril de 20XX se paga el alquiler de uno de los edificios que la empresa utiliza correspondiente a un año, siendo su importe de 6.010,12 euros, más el 18% de IVA.

33		01/04/XX		
6.010,12	[621] Arrendamientos y cánones			
1.081,82	[472] HP IVA Soportado			
		a		
			[410] Acreedores	7.091,94
7.091,94	[410] Acreedores			
		a		
			[572] Banco	7.091,94

34) Al cierre del ejercicio económico procede realizar el correspondiente ajuste por periodificación para separar el gasto que corresponde el ejercicio siguiente.

34		31/12/XX		
1.502,53	[480] Gastos anticipados			
		a		
			[621] Arrendamientos y cánones	1.502,53

Nota: Hay que deducir de la cuenta de Arrendamientos y Cánones 1.502,53 € (500,84 x 3) que corresponden a un gasto del ejercicio posterior.

En el ejercicio económico siguiente:

X		01/01/XX+1		
1.502,53	[621] Arrendamientos y cánones			
		a		
			[480] Gastos anticipados	1.502,53

35) Al cerrar el ejercicio, están pendientes de pago 1.334 euros del alquiler de diciembre cuyo recibo llegará en el ejercicio siguiente.

35		31/12/XX	
1.334,00	[621] Arrendamientos y cánones		
	a		
		[4109] Acreedores por prestación servicios, facturas pendientes de recibir o formalizar	1.334,00

Tal como estaba previsto en el ejercicio siguiente llega el recibo del alquiler de diciembre que se paga en efectivo.

35.a		01/01/XX+1	
1.334,00	[4109] Acreedores por prestación servicios, facturas pendientes de recibir o formalizar		
240,12	[472] HP IVA Soportado		
	a		
		[410] Acreedores	1.574,12
1.574,12	[410] Acreedores		
	a		
		[570] Caja	1.574,12

9.6 Ingresos

36) La empresa cobra mediante un cheque bancario 3.100 euros con un IVA incluido del 18%, a otra empresa por alquiler de un local que tiene disponible.

36			23/04/XX		
3.100,00	[440] Deudores				
		a	[752] Ingresos por arrendamientos	2.627,12	
			[477] H.P. IVA Repercutido	472,88	
3.100,00	[572] Bancos	a			
			[440] Deudores	3.100,00	

37) Al cierre del ejercicio, se comprueba que 1.000 dólares disponibles en caja han incrementado su valor en 72,12 euros sobre su precio de adquisición, al ser cambiados en el banco. Contabilizar este ingreso.

37			23/04/XX	
1.072,12	[572] Bancos			
		a	[571] Caja moneda extranjera	1.000,00
			[768] Diferencias positiv. de cambio	72,12

38) El alquiler mensual de un local propio asciende a 600 euros, al cerrar el ejercicio no se ha extendido ni contabilizado los recibos de los tres últimos meses.

38		31/12/XX		
2.124,00	[4409] Deudores facturas pendientes de formalizar			
		a	[752] Ing. por arrendamientos	1.800,00
			[472] H.P. IVA Repercutido	324,00

Nota: Se contabiliza el IVA a pesar de no haber emitido la factura, basándose en el artículo 75.1 de la Ley del IVA, según el cual "se devengará el impuesto en las entregas de bienes cuando los mismos se pongan en poder y posesión del adquiriente".

39) Por servicios de mediación prestados accidentalmente facturamos, en concepto de comisiones 300 euros, a 30 días.

39		23/04/XX		
354,00	[440] Deudores			
		a	[754] Ingresos por comisiones	300,00
			[477] H.P. IVA Repercutido	54,00

9.7 Subvenciones

40) Hemos recibido comunicación escrita de la Administración Pública por la concesión de una subvención que habíamos solicitado de 3.000 euros para cubrir los déficits de explotación derivados de unas inundaciones.

40		14/07/XX		
3.000,00	[4708] H.P. Deudora subvenciones concedidas			
		a	[740] Subvenciones oficiales a la explotación	3.000,00

41) Cobramos la subvención anterior mediante una transferencia a la cuenta bancaria.

41		26/04/XX+1		
3.000,00	[572] Banco			
		a	[4708] H.P. Deudora subvenciones concedidas	3.000,00

42) La Administración Pública ingresa, a inicio del año, en la cuenta corriente del banco de un centro especial de trabajo, 60.000 euros como consecuencia de una subvención de capital para la adquisición de una máquina. Esta máquina tendrá una vida útil de 10 años.

Al conceder la subvención.

42		01/01/XX		
60.000,00	[4708] Hacienda Pública, deudora por subvenciones concedidas			
		a	[130] Subvenciones oficiales de capital	45.000,00
			[479] Pasivos por diferencias temporarias imponibles	15.000,00

Nota: El Patrimonio Neto, donde se incluye la cuenta 130, debe recoger el efecto impositivo. Por esta razón hemos imputado el efecto impositivo a la cuenta 479. Hemos considerado que la empresa tiene un tipo en el Impuesto de Sociedades del 25%.

Al cobrar la subvención.

42.a		10/03/XX		
60.000,00	[572] Bancos			
		a	[4708] Hacienda Pública, deudora por subvenciones concedidas	60.000,00

Al imputar la subvención a resultados.

42.b		31/12/XX	
4.500,00	[130] Subvenciones oficiales de capital		
1.500,00	[479] Pasivos por Diferencias temporarias imponibles	[746] Subvenciones de capital traspasadas al Rtdo. del ejercicio	6.000,00

Nota: Las subvenciones de capital se conceden para financiar total o parcialmente la adquisición de elementos de inmovilizado. Se integran en el balance de la empresa traspasándose a resultados en la medida en que lo hace el bien financiado con las mismas. Es decir, en nuestro caso concreto, reduciremos la cuenta del pasivo [479] que sumada a la imputación de la subvención resulta 6.000 € (1.500 € + 4.500 €) correspondientes al 10% de la subvención de 60.000 €. Como cada año en el Impuesto de Sociedades imputaremos el 10% de la subvención, año tras año se reducirá el saldo de la cuenta [479].

9.8 Entidades financieras

43) El banco abona en cuenta la liquidación de los intereses del periodo, siendo el importe íntegro 200 euros (retención del 19%).

43		23/04/XX	
168,07	[572] Bancos		
31,93	[473] H.P. retenciones y pagos a cuenta	a	
		[769] Otros ing. financieros	200,00

Nota: En este tipo de asientos hay que repasar lo que dice la legislación vigente en cada momento. Así por ejemplo, partir del 1 de Enero de 2010, los primeros 6.000€ procedentes de rendimientos de capital mobiliario (intereses bancarios, dividendos, etc.) tendrán una retención del 19%. El importe excedente a los primeros 6.000€ tendrán una retención del 21%.

44) Se compra un material mediante dinero efectivo 1.000 dólares, a un cambio de un dólar un euro. La comisión bancaria de cambio es de 6 euros.

44		23/04/XX	
1.000,00	[571] Moneda extranjera		
6,00	[626] Servicios bancarios y similares	a	
		[570] Caja	1.006,00

45) Una empresa concierta una póliza de crédito de 18.072 euros por el plazo de seis meses a través de una entidad financiera.

a) Dispone de 6.024 euros de la póliza y la ingresa en la cuenta corriente.

45.a		23/04/XX	
6.024,00	[572] Bancos		
		a	
		[5201] Deudas a corto por crédito dispuesto	6.024,00

Nota: En el caso de las pólizas de crédito el registro contable se efectúa por el importe dispuesto. En la Memoria se especificará los límites de las cuentas o pólizas de crédito con el fin de que el lector de las cuentas anuales conozca el importe máximo del endeudamiento que puede adquirir la empresa mediante esta forma de financiación.

b) Los gastos de formalización satisfechos con cargo a la póliza ascienden a 241 euros.

45.b		23/04/XX	
241,00	[626] Servicios bancarios y similares		
		a	
		[5201] Deudas a corto por crédito dispuesto	241,00

c) Paga a un proveedor 11.807 euros a través de la cuenta de crédito.

45.c		23/04/XX		
11.807,00	[400] Proveedores			
		a		
			[5201] Deudas a corto por crédito dispuesto	11.807,00

d) Cobra de un cliente 9.638 euros y ingresa en la cuenta de crédito.

45.d		23/04/XX		
9.638,00	[5201] Deudas a corto por crédito dispuesto			
		a		
			[430] Clientes	9.638,00

e) Reintegra a través de la cuenta corriente, al vencer el plazo de la totalidad del crédito dispuesto y paga los intereses que ascienden a 1.205 euros.

45.e		23/04/XX		
8.433,00	[5201] Deudas a corto por crédito dispuesto			
1.205,00	[662] Intereses de deudas con entidades de crédito	a		
			[572] Bancos	9.638,00

Nota: La empresa puede ordenar pagos y reintegros con cargo a la cuenta de crédito, así como realizar en ella cobros e ingresos. La cuenta de crédito actúa como una cuenta corriente pero con saldo acreedor, el cual expresa el importe de la deuda. El coste de esta operación está en función del importe y el plazo de la disposición. Los movimientos en el Debe de la cuenta [5201] son: 18.072,00 + 9.638,00; y en el Haber: 6.024,00 + 241,00 + 11.807,00 + 1.205,00. El saldo es 8.433,00.

46) En el extracto de la cuenta del banco aparece un abono de 912,2 euros. El remitente es desconocido.

46		23/04/XX		
912,20	[572] Bancos			
		a		
			[555] Partidas pendientes de aplicación	912,20

Nota: La cuenta [555] Partidas pendientes de aplicación debería ser regularizada en el cierre del ejercicio; evitando así que figure en el Balance de Situación final.

47) Una sociedad negocia y obtiene un préstamo de un banco por el que ingresa 50 millones de euros que devolverá en dos pagos iguales, dentro del siguiente año el primer pago y dentro de dos años el segundo. Escribir los asientos necesarios.

Por la concesión del préstamo:

47.a		23/04/XX		
50.000.000	[570] Bancos			
		a		
			[170] Deudas a l/p con entidades de crédito	25.000.000
			[520] Deudas a c/p con entidades de crédito	25.000.000

Por el primer pago y por la reclasificación de la deuda:

47.b		01/01/XX+1		
25.000.000	[520] Deudas a c/p con entidades de crédito			
		a	[572] Bancos	25.000.000
25.000.000	[170] Deudas a l/p con entidades de crédito		[520] Deudas a c/p con entidades de crédito	25.000.000

Por el último de los pagos:

47.c		01/01/XX+2		
25.000.000	[520] Deudas a c/p con entidades de crédito			
		a		
			[572] Bancos	25.000.000

48) Se contrata un préstamo con una entidad financiera por el que nos conceden 30 millones de euros cobrándose los intereses de dos años por anticipado por 4.200.000 euros en total. Al cabo de dos años se amortiza todo el préstamo. Contabilizar los siguientes hechos:

La concesión del préstamo, por un líquido inferior al nominal por los intereses pagados por anticipado.

48		01/01/XX		
25.800.000	[572] Bancos			
2.100.000	[567] Intereses pagados por anticipado Corto Plazo	a		
2.100.000	[257] Intereses pagados por anticipado Largo Plazo		[170] Deudas a l/p con entidades de crédito	30.000.000

La imputación de resultados de los intereses anticipados y la reclasificación de la deuda.

X		31/12/XX		
2.100.000	[662] Intereses deudas a largo plazo			
		a	[567] Intereses pagados por anticipado Corto Plazo	2.100.000
2.100.000	[567] Intereses pagados por anticipado Corto Plazo			
		a	[257] Intereses pagados por anticipado Largo Plazo	2.100.000
30.000.000	[170] Deudas a l/p con entidades de crédito			
		a	[520] Deudas a c/p con entidades de crédito	30.000.000

La imputación a resultados del resto de intereses y por la cancelación de la deuda, en el segundo año.

X		31/12/XX		
2.100.000	[662] Intereses deudas a largo plazo			
		a	[567] Intereses pagados por anticipado Corto Plazo	2.100.000
30.000.000	[520] Deudas a c/p con entidades de crédito			
		a	[572] Bancos	30.000.000

49) Se vende un producto a 90 días por importe de 10.000 euros más el IVA del 18%. Debido a la falta de liquidez de la empresa, deciden llevar la factura al descuento. El Banco le carga unos intereses por el descuento de 275 euros. Si llegado el vencimiento, el cliente no paga, el banco cargará a la empresa unos intereses de demora de 80 euros más una comisión por impago de 110 euros. Contabilizar los siguientes hechos:

La emisión de la factura.

49		17/03/XX		
11.800,00	[430] Clientes			
		a	[700] Ventas	10.000,00
			[477] H.P. IVA Repercutido	1.800,00

Llevar la factura al descuento.

49.a		17/03/XX		
11.800,00	[431] Clientes efectos descontados			
		a	[430] Clientes	11.800,00
275,00	[665] Intereses por descuentos de efectos			
11.525,00	[572] Bancos	a	[5208] Deuda por efectos descontados	11.800,00

A vencimiento, el cliente paga la factura.

49.b		17/06/XX		
11.800,00	[5208] Deuda por efectos descontados			
		a	[431] Clientes efectos descontados	11.800,00

A vencimiento, el cliente impaga la factura.

49.c		17/06/XX		
11.800,00	[5208] Deuda por efectos descontados			
80,00	[669] Otros gastos financieros (Intereses de demora)			
110,00	[626] Servicios Bancarios (Comisiones)	a		
			[572] Bancos	11.990,00

Nota: Entre paréntesis se apuntan posibles nombres de subcuentas que podrán crearse en el plan de cuentas de la empresa para registrar los hechos presentados.

X		17/06/XX		
11.800,00	[430] Clientes*	a		
			[431] Clientes efectos descontados	11.800,00

*Se tiene que analizar si se cree oportuno realiza un deterioro (provisión) del saldo de cliente y considerarlo moroso (cuenta 436)

50) La empresa presenta la misma situación que en el ejercicio anterior (49) pero en vez de realizar un descuento de efectos, quiere realizar un factoring sin recurso. Contabilizar los siguientes hechos:

Realizar un *factoring* sin recurso a la factura emitida. El banco hace una reserva del 15%.

50.a		17/03/XX		
275,00	[665] Intereses por operaciones de factoring			
1.770,00	[432] Clientes, operaciones de factoring			
9.775,00	[572] Bancos	a		
			[430] Clientes	11.800,00

A vencimiento, el cliente paga la factura.

50.b		17/06/XX		
1.770,00	[572] Bancos			
		a		
			[432] Clientes, operaciones de factoring	1.770,00

A vencimiento, el cliente impaga la factura.

50.c		17/06/XX		
1.770,00	[650] Pérdidas de créditos comerciales incobrables.			
		a		
			[432] Clientes, operaciones de factoring	1.770,00

9.9   Provisiones

51) La empresa tiene un litigio pendiente de resolución por una acusación de delito ecológico, por lo que procede a dotar una provisión de 12.048 euros.

51		23/04/XX		
12.048,00	[678] Gastos excepcionales			
		a		
			[142] Provisión para responsabilidades	12.048,00

Se resuelve el juicio anterior y la sentencia condena a un pago de 15.060 euros.

51.a		23/04/XX+n		
12.048,00	[142] Provisión para responsabilidades			
3.012,00	[678] Gastos excepcionales	a		
			[572] Bancos	15.060,00

52) Por un despido improcedente, recurrido ante los Tribunales de Justicia, una empresa dota una provisión, estimando la indemnización en 14.432 euros.

52		23/04/XX		
14.432,00	[641] Indemnizaciones			
		a		
			[142] Provisión para responsabilidades	14.432,00

La sentencia dictada en el año siguiente, ha estimado la indemnización en 15.200 euros.

52.a		23/04/XX+1		
14.432,00	[142] Provisión para responsabilidades			
768,00	[641] Indemnizaciones	a		
			[465] Remuneraciones pendientes de pago	15.200,00

La sentencia dictada en el año siguiente, ha estimado la indemnización en 13.500 euros.

52.b		23/04/XX+1		
14.432,00	[[142] Provisión para responsabilidades			
		a	[465] Remuneraciones pendientes de pago	13.500,00
			[7952] Exceso de provisión para otras responsabilidades	932,00

53) Tres de los pilares de una nave industrial han experimentado un cierto hundimiento, debido a deficiencias en las zapatas de cimentación. La empresa dota una provisión de 22.768 euros para las obras de reparación.

53		23/04/XX		
22.768,00	[691] Pérdidas por deterioro del inmovilizado material			
		a		
			[2911] Deterioro de valor de construcciones	22.768,00

Realizadas las reparaciones, estas suponen unos gastos de 20.678 euros, que se pagan mediante un cheque bancario.

53.a		17/06/XX		
22.768,00	[2911] Deterioro de valor de construcciones			
		a		
			[791] Reversión del deterioro del inmovilizado material	22.768,00
20.678,00	[622] Reparaciones y conservación			
3.722,04	[472] H.P. IVA Soportado	a		
24.400,04	[410] Acreedores		[572] Bancos	24.400,04
			[410] Acreedores	24.400,04

54) La empresa Alfa, S.L. efectúa una corrección valorativa sobre un terreno que adquirió hace nueve años, por 54.216 euros, al estimar en 18.072 euros su depreciación por una expropiación municipal (para la construcción de una rotonda).

54		23/04/XX	
18.072,00	[691] Pérdidas por deterioro del inmovilizado material		
		a	
		[2910] Deterioro de valor de terrenos y bienes naturales	18.072,00

La misma empresa Alfa,S.L. vende el terreno anterior por 34.350 euros cobrándolo mediante cheque bancario.

54.a		23/04/XX	
18.072,00	[2910] Deterioro de valor de terrenos y bienes naturales		
1.794,00	[671] Pérdidas procedentes del Inmovilizado Material		
34.350,00	[572] Bancos	a	
		[220] Terrenos y bienes naturales	54.216,00

9.10 Personal

55) Se paga la nómina de la plantilla de la empresa a través de bancos correspondiente al mes de abril, según el siguiente desglose:

56)

Sueldos y salarios netos	4.567,78€
IRPF retenido	450,76 €
Seguridad Social retenida a empleados	240,40 €
Seguridad Social a cargo de la empresa	1.382,33 €

55			30/04/XX		
5.258,94	[640] Sueldos y salarios				
				[676] Org. Seg. Social acreedora	240,40
			a	[4751] H.P. acreedora por retenciones practicadas	450,76
				[572] Bancos	4.567,78
1.382,33	[642] Gastos Seg. Social				
				[476] Org. Seg. Social acreedores	1.382,33

Nota: En la cuenta [640] de Sueldos y Salarios se consideran los sueldos brutos. Al sueldo neto se han sumado las retenciones de IRPF (a cuenta del impuesto de la renta) y la Seguridad Social retenida al trabajador.

Realizar el ejemplo anterior suponiendo que por dificultades de tesorería, sólo es posible pagar 2.000 euros. Además, en el mes marzo se habían anticipado 1.000 euros a cuenta de la nómina del mes de abril.

55.a		30/04/XX	
5.258,94	[640] Sueldos y salarios		
		[476] Org. Seg. Social acreedores	240,40
		[4751] H.P. acreedora por retenciones practicadas	450,76
		[572] Bancos	2.000
		[465] Remuneraciones pendientes de pago	1.567,78
		[460] Anticipos de remuneraciones	1.000
1.382,33	[642] Gastos Seg. Social		
		[476] Org. Seg. Social acreedores	1.382,33

57) Se realizan los siguientes pagos mediante cheques bancarios

Patrocinio del equipo de fútbol sala	500 €
Cursos de formación del personal	950 €

56		23/04/XX	
500,00	[627] Publicidad propaganda y relaciones públicas		
950,00	[649] Otros gastos sociales		
	a		
		[572] Bancos	500,00
		[572] Bancos	950,00

Nota: Dado que los cheques bancarios son distintos se realizan dos apuntes distintos en el Libro Diario. Esto facilitará el control de los movimientos bancarios de la empresa.

58) Se entregan 30.050 euros al Banco Equis como aportación a un plan de pensiones a favor de los trabajadores.

57	23/04/XX		
30.050,00	[643] Aportaciones a sist. complement. de pensiones		
		a	
		[572] Bancos	30.050,00

Nota: Las remuneraciones complementarias no son de aplicación universal, puesto que proceden de acuerdos específicos de determinados sectores o empresas. Las aportaciones a sistemas complementarios de pensiones se realizan cuando existen compromisos adquiridos con los empleados en este sentido. Estos planes de pensiones son complementarios a la pensión de jubilación a la que tienen derecho los trabajadores afiliados a la Seguridad Social. Para ello, las sociedades realizan una aportación periódica al plan de pensiones con el fin de crear un fondo que permita satisfacer una cantidad (pensión complementaria) a cada trabajador una vez se haya jubilado.

Contabilizar la operación anterior si el fondo de pensiones estuviese constituido por la propia empresa.

57.a	23/04/XX		
30.050,00	[643] Aportaciones a sist. complement. de pensiones		
		a	
		[140] Provisión para pensiones y obligaciones similares	30.050,00

Se materializa la provisión de fondo adquiriendo 400 obligaciones del Tesoro de 60 euros nominales, al 12% de interés.

57.b	23/04/XX		
24.000,00	[251] Valores representativos de deuda a largo plazo		
		a	
		[572] Bancos	24.000,00

Nota: Para simplificar el ejemplo, hemos tratado las obligaciones del tesoro como si fueran una imposición o depósito.

Si se cobra mediante ingreso en la cuenta corriente del Banco Equis, los intereses semestrales de la inversión anterior.

57.c		23/04/XX		
1.166,40	[572] Bancos			
273,60	[473] H.P. retenciones y pagos a cuenta			
		a		
			[761] Ingresos de valores representativos de deuda	1.440,00

Nota: Se considera una retención del 19%, de manera que el líquido percibido se calculará de la siguiente manera: 0,81*0,12*24.000*(6/12).

59) Se hace una transferencia bancaria a la cuenta corriente de un empleado como adelanto de la nómina, por valor de 450 euros.

58		23/04/XX		
450,00	[460] Anticipos de remuneraciones			
		a		
			[572] Bancos	450,00

9.11 Aportaciones socios

59) Uno de los socios de la empresa Colas Especiales, S.L. aporta a la empresa un ordenador de su propiedad que está valorado en 1.200 euros.

59		23/04/XX		
1.200,00	[227] Equipos para procesos informáticos			
		a		
			[553] Ctas. corrientes de socios y administradores	1.200,00

60) Un emprendedor va a crear su empresa. Para ello hace una aportación de 45.700 euros que deposita en una cuenta bancaria.

60		23/04/XX		
45.700,00	[572] Bancos			
			[100] Capital Social	45.700,00

61) Cuatro compañeros de la universidad constituyen una sociedad aportando los siguientes bienes:

Mesas, sillas, armarios archivadores y estanterías	15.098 €
Una furgoneta	20.567 €
Un ordenador y una impresora	1.200 €
Un video proyector frontal con tecnología LCD, SVGA de 1.500 ansilumens	1.190€
Dinero efectivo	5.876 €

61		23/04/XX		
15.098,00	[216] Mobiliario			
2.390,00	[217] Equipos proc. inform.			
20.567,00	[218] Elementos de Trans.			
5.876,00	[570] Caja	a		
			[100] Capital Social	43.931,00

62) El mismo empresario del caso anterior retira para su uso particular una cámara de fotos, cuyo precio de adquisición fue de 400 euros y estaba amortizado en un 75%. Para el empresa, esta operación no genera beneficio ni pérdida.

62		23/04/XX	
300,00	[281] Amortiz. Acumulada Inmovilizado Material		
118,00	[550] Titular de la explotación		
	a		
		[219] Otro Inmov. material	400,00
		[477] H.P. IVA Repercutido	18,00

Nota: La cuenta "[550] Titular de la explotación" y "[551] Cuenta corriente con socios y administradores" son correctas para realizar dicho asiento.

63) El accionista Isidro Puig aporta a la empresa, dentro del plazo escriturado, un garaje de su propiedad, que había sido tasado en 66.111 euros de los que el 20% corresponden al valor del solar.

63		23/04/XX	
13.222,20	[210] Terrenos y bienes naturales		
52.888,80	[211] Construcciones		
	a		
		[104] Socios por aportaciones no dinerarias pendientes	66.111,00

64) La sociedad anónima Triplo S.A., se constituye con 5.000 acciones de 500 euros cada una. El 50% del capital se desembolsará en el momento de otorgar la escritura fundacional ante notario, y el 50% restante al cabo de un año y medio.

64		23/04/XX	
1.250.000	[103] Socios por desembolsos no exigidos		
1.250.000	[558] Accionistas por desembolsos exigidos		
		a	
		[100] Capital Social	2.500.000

X		30/04/XX	
1.250.000			
		a	
		[558] Accionistas por desembolsos exigidos	1.250.000

Reclasificación a final de año.

X		31/12/XX	
1.250.000	[558] Accionistas por desembolsos exigidos		
		a	
		[103] Socios por desembolsos no exigidos	1.250.000

X		31/10/XX+1	
1.250.000	[572] Bancos		
		a	
		[558] Accionistas por desembolsos exigidos	1.250.000

Nota: Según el Plan General Contable, los accionistas por desembolsos exigidos (corto plazo) se clasifican como un activo para la empresa; como derecho de cobro que tiene. Pero en el caso de los accionistas por desembolsos no exigidos (largo plazo) se clasifican como un pasivo con signo deudor, restando valor al Capital Social debido a que la aportación real se efectuará a largo plazo con la incertidumbre que esto provoca.

● ● ●

65) La sociedad Maxcana, S.A. se constituye con 100.000 acciones de 100 euros cada una que sus socios desembolsan mediante transferencia bancaria salvo uno de ellos que posee 20.000 acciones que aportará un inmueble por valor de 1,5 millones de euros y maquinaria por valor de 500.000 euros.

65		23/04/XX	
8.000.000	[558] Accionistas por desembolsos exigidos		
2.000.000	[104] Socios por aportac. no dinerarias pendientes		
		a	
		[100] Capital Social	10.000.000

X		XX/XX/XX	
8.000.000	[572] Bancos		
		a	
		[558] Accionistas por desembolsos exigidos	8.000.000
1.500.000	[211] Construcciones		
500.000	[213] Maquinaria		
		[104] Socios por aportac. no dinerarias pendientes	2.000.000

9.12 Fianzas

66) La empresa Distribuciones de Gas, S.A., recibe de la empresa Tintorería Elena, S.L., el día 23 de abril, a través de una transferencia bancaria 9.100 euros en concepto de fianza. De esta manera, queda prácticamente garantizada la devolución de unos depósitos que Distribuciones de Gas a puesto a disposición de Tintorería Elena para ser utilizados durante el presente añO.

66		23/04/XX	
9.100,00	[572] Bancos		
		a	
		[560] Fianzas y depósitos recibidos a corto plazo	9.100,00

• • •

Al finalizar el contrato, debido al deterioro que han sufrido algunos de los depósitos de gas, solo devuelve 7.700 euros.

66.a		14/02/XX+1	
9.100,00	[560] Fianzas y depósitos a corto plazo		
		a	
		[572] Bancos	7.700,00
		[778]Ingresos excepcionales	1.400,00

9.13 Gastos I+D

67) Una empresa concluye con éxito el proyecto Pomatoe, un proyecto de investigación consistente en la obtención de una patata con gusto a tomate (ideal para elaborar, con la textura adecuada, la sopa de tomate muy apreciada en EE.UU.). La inversión ha ascendido a 90.500 euros. En concepto de registro se paga un cheque de 5.000 euros.

67		01/03/XX	
90.500,00	[620] Gastos en I+D del ejercicio		
		a	
		[572] Bancos	90.500,00
5.000,00	[629x] Gastos registro		
		a	
		[572] Bancos	5.000,00
95.500,00	[201] Desarrollo		
		a	
		[730] Trabajos realizados para el inmovilizado intangible	95.500,00

Nota: En una subcuenta de [629] Otros servicios se reflejan los gastos de registro.

X		10/04/XX		
95.500,00	[203] Propiedad Industrial			
		a		
			[201] Desarrollo	95.500,00

Nota: Para poder incluir en el Activo estos gastos, los proyectos de I+D deben estar individualizados y su coste claramente establecido para que pueda ser distribuido en el tiempo. Además es necesario tener motivos fundados del éxito técnico y de la rentabilidad económica y comercial del proyecto.

Hace algunos años la empresa detectó que los consumidores prefieren el muslo que la pechuga del pollo, lo cual originó el proyecto 4PATAS (cuyo objetivo obviamente, era conseguir un pollo de cuatro patas). Si bien se tienen motivos fundados del éxito técnico obtenido, el mercado no ha aceptado esta flagrante manipulación genética. La inversión total en dicho proyecto, ha asciende a 120.000 euros.

67.a		23/04/XX		
120.000,00	[620] Gastos en I+D del ejercicio			
		a		
			[572] Bancos	120.000,00

9.14 IVA

68) Al final del primer trimestre la cuenta H.P. IVA soportado presenta un saldo deudor de 4.500,67 euros y la cuenta de H.P. IVA repercutido un saldo acreedor de 12.567,65 euros. Contabilizar la declaración-liquidación del IVA correspondiente a este periodo, en otras palabras efectuar la regularización del IVA.

68		23/04/XX		
12.567,65	[477] H.P. IVA Repercutido			
		a		
			[472] H.P. IVA Soportado	4.500,67
			[4750] H.P. acreedora IVA	8.066,98

Nota: En caso de tener un saldo de IVA soportado superior al del IVA repercutido intervendría la cuenta [4700] HP deudora por IVA, que obviamente se situaría en el Debe.

9.15 Resultados

69) Mensajeros Reunidos, S.L. obtiene en el ejercicio 20XX un beneficio de 11.000 euros. Los socios de la empresa se reúnen a finales de enero del año siguiente, para aprobar las cuentas y deciden aplicar de los 11.000 euros de beneficio, 5.000 a las Reservas Legales y 6.000 a la compensación de las pérdidas del año anterior.

69		31/01/XX+1		
11.000,00	[129] Resultado del ejercicio			
		a		
			[121] Result. negativos de ejercicios anteriores	6.000,00
			[112] Reserva legal	5.000,00

70) Después de afectar los asientos de regularización de P y G, el beneficio neto de una empresa resulta ser de 5.654 euros. Contabilizar el gasto del Impuesto de Sociedades, considerando una tasa del 25%. A continuación cerrar la cuenta de gastos.

70		31/12/XX		
1.413,50	[630] Impuesto sobre Beneficios			
			[4752] H.P. acreedor por Impuesto de Sociedades	1.413,50
1.413,50	[129] Resultado del ejercicio		[630] Impuesto sobre Beneficios	1.413,50

71) El beneficio después de impuestos de una Sociedad Anónima en el último ejercicio contable es de 3.957,8. La distribución de resultados aprobada por la Junta de Accionistas es la siguiente:

395,78	[112]	Reserva legal
1.767	[121]	Compensación de pérdidas de ejercicios anteriores
1.250	[525]	Dividendos
345,88	[113]	Reservas voluntarias

71		23/04/XX	
3.957,80	[129] Resultado del ejercicio		
		a	
		[112] Reserva legal	395,78
		[121] Result. negativos de años anteriores	1.767,00
		[526] Dividendos	1.250,00
		[113] Reservas voluntarias	345,88
		[120] Remanente	199,14

Nota: Debe introducirse la cuenta Remanente (beneficios pendientes de distribución) para que se cumpla el principio de la Partida Doble.

72) Una empresa ha obtenido en un ejercicio económico 7.890,12 euros de pérdidas que se espera compensar con resultados positivos de ejercicios futuros.

72		23/04/XX	
7.890,12	[121] Result. negativos de años anteriores		
		a	
		[129] Resultado del ejercicio	7.890,12

73) Contabilizar el Impuesto de Sociedades si el beneficio en una empresa ha sido de 200.000 euros considerando una tasa del 30% y que la cuenta [473] H.P. Retenciones y Pagos a Cuenta tiene un saldo deudor de 40.000 euros.

73		31/12/XX		
60.000,00	[630] Impuesto sobre Beneficios			
		a		
			[473] H.P. Retenciones y pagos a cuenta	40.000,00
			[4752] H.P. Acreedora por el Impuesto de Sociedades	20.000,00

Nota: Aunque en la realidad, los primeros 120.202,41 euros de beneficio tributarían al 25% y el resto al 30%, para facilitar el cálculo, consideraremos solamente la tasa del 30%.

9.16 Inmovilizado en curso

74) En el solar propiedad de una empresa se ha decidido la construcción de unas oficinas comerciales. El solar figura contabilizado en la cuenta [210] Terrenos y bienes naturales, por valor de 150.000 €. La construcción se inicia en el mes de noviembre y finaliza en febrero del año siguiente, por lo que al cierre del ejercicio se debe contabilizar un inmovilizado en curso ([231] Construcciones en curso). Los asientos a realizar al recibir las certificaciones de obra son:

74.a		01/11/XX		
35.000,00	[231] Construc. en curso			
6.300,00	[472] H.P. IVA soportado			
41.300,00	[410] Acreedores			
		a	[410] Acreedores	41.300,00
			[572] Bancos	41.300,00

74.b		01/12/XX		
40.000,00	[231] Construc. en curso			
7.200,00	[472] H.P. IVA soportado			
47.200,00	[410] Acreedores			
		a	[410] Acreedores	47.200,00
			[572] Bancos	47.200,00

A 31 de diciembre la cuenta [231] Construcciones en curso presenta un saldo deudor de 75.000 euros. Este saldo figura en el activo del Balance de Situación.

74.c		01/01/XX+1	
44.000,00	[231] Construc. en curso		
7.920,00	[472] H.P. IVA soportado		
51.920,00	[410] Acreedores	a	
		[410] Acreedores	51.920,00
		[572] Bancos	51.920,00

74.d		01/02/XX+1	
50.000,00	[231] Construc. en curso		
9.000,00	[472] H.P. IVA soportado		
59.000,00	[410] Acreedores	a	
		[410] Acreedores	59.000,00
		[572] Bancos	59.000,00

A finales de febrero la obra queda terminada y empezará a ser utilizada como oficinas comerciales. En este momento se debe proceder a saldar la cuenta estudiada y reflejar en la cuenta [211] Construcciones el valor de este edificio.

El asiento que contabiliza este traspaso es el siguiente:

74.e		28/02/XX+1	
169.000,00	[211] Construcciones		
		a	
		[231] Construc. en curso	169.000,00

A partir de este momento, la cuenta de [211] Construcciones refleja el valor total del edificio construido, en consecuencia empezará su vida útil y se procederá a su amortización.

9.17 Amortización

75) El caso del taxista. Efectivamente, este sencillo ejemplo pone de manifiesto los dos aspectos fundamentales de la amortización:

1) La amortización es un coste real, pero no representa un desembolso monetario anual.

2) La amortización tiene la finalidad de mantener en la empresa los recursos necesarios y la capacidad productiva y de servicio para evitar que ésta se empobrezca, es decir, se descapitalice.

El asiento de amortización se elabora a partir de los datos de la política de amortización diseñada para cada elemento del inmovilizado que se amortiza. Así pues, se trata de definir los parámetros de la política de amortización:

• Vida útil: 5 años. Según la Tabla de Coeficientes Anuales de Amortización de la Agencia Tributaria Española, la actividad del taxi se clasificaría en la Agrupación 72, Grupo 721 Transporte de Viajeros, punto 2 Vehículos automóviles de servicio público, el coeficiente máximo en % es 22, de manera que se ha tomado una vida útil de 5 años

• Base de amortización: 20.000 euros (precio de adquisición)

• Valor residual: 0 euros. Se considera que el valor al final de la vida útil será nulo

• Método de amortización: lineal o constante. Se considera que la depreciación del taxi será constante a lo largo de la vida útil del taxi

Con todos estos datos se llega a la conclusión que la cuota anual de amortización es de 4.000 euros. El asiento de amortización del taxi se muestra a continuación, y se repetirá para cada uno de los años de vida útil del taxi.

75		31/12/XX	
4.000	[681] Dotación Amortiz. del Inmovilizado Material		
	a		
		[281] Amortización Acumul. del Inmovilizado Material	4.000

Nota: En una situación real se establecerían subcuentas para cada elemento que se amortiza.

• • •

76) Solución:

LIBRO DIARIO

1		1/1/XX	
7.500,00	[300] Mercaderías		
2.000,00	[430] Clientes		
1.750,00	[572] Bancos		
	a		
		[100] Capital Social	6.000,00
		[400] Proveedores	5.250,00

2		2/02/XX	
360,00	[600] Compras		
64,80	[472] HP IVA Soportado		
	a		
		[400] Proveedores	424,80

3		7/06/XX	
472,00	[430] Clientes		
472,00	[572] Bancos		
	a		
		[700] Ventas	400,00
		[477] HP IVA Repercutido	72,00
		[430] Clientes	472,00

4		31/12/XX	
850,00	[226] Mobiliario		
153,00	[472] HP IVA Soportado		
	a		
		[410] Acreedores	1.003,00

5		31/12/XX	
7.500,00	[610] Variac. Existencias Mercaderías		
	a	[300] Mercaderías	7.500,00
8.000,00	[300] Mercaderías		
	a	[610] Variac. Existencias Mercaderías	8.000,00

6		31/12/XX	
400,00	[700] Ventas		
500,00	[610] Variac. Existencias Mercaderías		
360,00	[129] Resultado del ejercicio		
	a	[129] Resultado del ejercicio	900,00
		[600] Compras	360,00

7		31/12/XX	
72,00	[477] HP IVA Repercutido		
145,80	[470] HP Deudor por IVA		
	a	[472] HP IVA soportado	217,80

8		31/12/XX	
6.000,00	[100] Capital Social		
540,00	[129] Resultado del ejercicio		
5.674,80	[400] Proveedores		
1.003,00	[410] Acreedores		
		a	
		[300] Mercaderías	8.000,00
		[430] Clientes	2.000,00
		[572] Bancos	2.222,00
		[226] Mobiliario	850,00
		[470] HP Deudora IVA	145,80

LIBRO MAYOR

D	Mercaderías		H		D	Clientes		H
7.500,00	(1)	2.000,00	(5)		2.000,00	(1)	472,00	(3)
8.000,00	(5)	8.000,00	(8)		472,00	(3)	2.000,00	(8)

D	Bancos		H		D	Capital Social		H
1.750,00	(1)	2.214,00	(8)		6.000,00	(1)	6.000,00	(1)
464,00	(3)							

D	Proveedores		H		D	Compras		H
5.667,80	(8)	5.250,00	(1)		360,00	(2)	360,00	(6)
		424,80	(2)					

D	HP IVA Soportado		H		D	Ventas		H
64,80	(2)	217,80	(7)		400,00	(6)	400,00	(3)
153,00	(4)							

D	HP IVA Repercutido		H		D	Mobiliario		H
72,00	(7)	72,00	(3)		850,00	(4)	850,00	(8)

D	Acreedores		H		D	Variac. Exist. Mercaderías		H
1.003,00	(8)	1.003,00	(4)		7.500,00	(5)	8.000,00	(5)
					500,00	(6)		

D	Pérdidas y ganancias		H		D	HP deudora por IVA		H
360,00	(6)	900,00	(6)		145,80	(7)	145,80	(8)
540,00	(8)							

El Balance de Situación presentará la forma siguiente:

ACTIVO		PATRIMONIO NETO PASIVO	
Mobiliario	850,00	Capital Social	6.000,00
Mercaderías	8.000,00	Resultado del ejercicio	540,00
Clientes	2.000,00	Proveedores	5.674,80
HP deudora IVA	145,80	Acreedores	1.003,00
Bancos	2.222,00		
TOTAL	13.217,80	TOTAL	13.217,80

CUENTA DE RESULTADOS A 31 DE DICIEMBRE DE 20XX

OPERACIONES CONTINUADAS	Año 20XX
1. Importe neto de la cifra de negocios	400,00
a) Ventas	400,00
2. Variación de Existencias de Mercaderías	500,00
3. Trabajos realizados para su activo	
4. Aprovisionamientos	360,00
5. Otros ingresos de explotación	
6. Gastos de personal	
7. Otros gastos de explotación	
8. Amortización del inmovilizado	
9. Imputación de subvenciones	
10. Excesos de provisiones	
11. Deterioro y enajenaciones de inmovilizado	
A) RESULTADO DE EXPLOTACIÓN	540,00
B) RESULTADO FINANCIERO	
C) RESULTADO ANTES DE IMPUESTOS	540,00
17. Impuesto sobre beneficios	162,00
B) RESULTADO DEL EJERCICIO	378,00

A partir del resultado contable, se calculará el Impuesto sobre Beneficios, que se cargará como gasto en la cuenta [630] Impuesto sobre beneficios.

El asiento de la contabilización del Impuesto de Sociedades tiene la siguiente forma:

X	31/12/XX
[630] Impuesto sobre Beneficios	a
	[4752] HP acreedora por el Impuesto de Sociedades
[129] Resultado del ejercicio	a
	[630] Impuesto sobre Beneficios

Para el caso que se viene siguiendo, si suponemos una tasa del 30%, el asiento de la contabilización del Impuesto de Sociedades tiene la siguiente forma:

9		31/12/XX	
162,00	[630] Impuesto sobre Beneficios	a	
		[4752] HP acreedora por el Impuesto de Sociedades	162,00
162,00	[129] Resultado del ejercicio	a	
		[630] Impuesto sobre Beneficios	162,00

ACTIVO		PATRIMONIO NETO PASIVO	
Mobiliario	850,00	Capital Social	6.000,00
Mercaderías	8.000,00	Resultado del ejercicio	378,00
Clientes	2.000,00	Proveedores	5.674,80
HP deudora IVA	145,80	Acreedores	1.003,00
Bancos	2.222,00	HP acreedora I. S.	162,00
TOTAL	13.217,80	TOTAL	13.217,80

En este punto faltaría la aplicación del resultado, que es una operación que no siempre se materializa al cerrar el ejercicio, ya que depende de la Junta General ordinaria de socios que se reunirá necesariamente dentro de los seis primeros meses de cada ejercicio para censurar la gestión social, aprobar las cuentas del ejercicio anterior y "resolver sobre la aplicación del resultado".

9.18 Regulaciones

77) Solución:

77.a		31/12/XX	
15.100,00	[477] HP IVA Repercutido		
	a		
		[472] HP IVA soportado	14.200,00
		[4750] HP acreedora por IVA	900,00
Regularización IVA			

77.b		31/12/XX	
49.000,00	[604] Rappels por compras		
3.005,00	[606] Descuento s/compras P.P		
472.000,00	[700] Ventas		
4.300,00	[608] Devolución compras		
10.570,00	[752] Ing. por arrendamientos		
7.820,00	[731] Trabaj para el I.M		
23.000,00	[610] Var. Exist. Mercaderías		
368.925,00	[129] Resultado del ejercicio		
	a		
		[129] Resultado del ejercicio	569.695,00
		[706] Descuento s/ventas P.P	7.525,00
		[642] Gastos Seg. Social	2.400,00
		[600] Compras	349.000,00
		[681] Dot. Amort. I. Mat.	10.000,00
Regularización resultados			

El beneficio de la empresa antes de impuestos es de 200.770 euros, obtenido calculando la diferencia entre 569.695 y 368.925. Si la tasa del Impuesto de Sociedades es del 30%, el beneficio neto será de 140.539 euros (Beneficio después de impuestos).

• • •

77.c	31/12/XX		
60.231,00	[630] Impuesto sobre Beneficios		
	a		
		[4752] HP acreedora por el Impuesto de Sociedades	60.231,00
60.231,00	[129] Resultado del ejercicio		
	a		
		[630] Impuesto sobre Beneficios	60.231,00
Impuesto Sociedades			

El asiento de la distribución de resultados presentará la siguiente forma:

77.d	XX/XX/XX		
140.539,00	[129] Resultado del ejercicio		
	a		
		[551] Cta. Cte. con Socios y Adm	28.107,80
		[113] Reservas voluntarias	28.107,80
		[1141] Reservas estatutarias	28.107,80
		[112] Reservas legales	14.053,90
		[526] Dividendos	20.000,00
		[120] Remanente	22.161,70
Distribución de Resultados			

A modo de observación, cabe mencionar que se ha introducido la cuenta de remanente (que refleja los resultados pendientes de distribución), porque con los datos del enunciado no quedaba distribuido todo el beneficio generado por la empresa. La Junta de socios decidirá, con posterioridad la manera de distribuir los 22.161,7 euros, que quedan pendientes.

Además, con este asiento se cumple con la Ley de Sociedades Anónimas que obliga a dotar anualmente el 10% del beneficio en concepto de Reservas Legales, hasta que se alcance el 20% del capital social. Intuitivamente, se puede decir que las reservas legales son como una especie de saco que hay que ir llenando hasta un determinado nivel (en este caso 68.602,8 euros, que es justamente el 20% de 343.014 euros).

78) Solución:

En este caso no hay que hacer las regularizaciones de existencias porque ya aparecen las cuentas relativas a las Variaciones de Existencias. Se supone que no hay que realizar regularizaciones de las cuentas patrimoniales ya que nada indica que sean necesarias y no se disponen de datos. Hay que realizar las dotaciones de amortización del mobiliario y la maquinaria.

78.a   *31/12/XX*

8.000,00	[6911] Dot. Amortiz. Mobiliario		
24.000,00	[6812] Dot. Amortiz. Maquinaria		
		a	
		[2811] Amortiz. Acum. Mobiliario	8.000,00
		[2812] Amortiz. Acum. Maquinaria	24.000,00

Registro depreciación anual

Las regularizaciones del IVA y de Resultados figuran a continuación:

78.b   *31/12/XX*

9.280,00	[477] HP IVA Repercutido		
		a	
		[472] HP IVA soportado	7.200,00
		[4750] HP acreedora por IVA	2.080,00

Regularización IVA

78.c   *31/12/XX*

2.000,00	[606] Descuento s/compras P.P		
152.000,00	[700] Ventas		
6.000,00	[752] Ingresos arrendamientos		
60.000,00	[610] Var. Exist. Mercaderías		
		[129] Resultado del ejercicio	220.000,00
101.074,00	[129] Resultado del ejercicio		
		a	
		[706] Descuento s/ventas P.P	2.000,00
		[628] Suministros	400,00
		[622] Reparaciones y conservación.	600,00

[621] Arrendamientos y cánones	5.000,00
[640] Sueldos y salarios	15.000,00
[642] Gastos Seg. Social	10.804,00
[602] Compras	35.270,00
[6911] Dot. Amortiz. Mobiliario	8.000,00
[6811] Dot. Amortiz. Maquinaria	24.000,00

Regularización resultados

El beneficio de la empresa antes de impuestos es de 118.926 euros, obtenido calculando la diferencia entre 220.000 y 101.074 euros. Si la tasa del Impuesto de Sociedades es del 30%, el beneficio neto será de 83.248,2 euros (Beneficio después de impuestos).

78.d		31/12/XX		
35.677,80	[630] Impuesto sobre Beneficios			
		a		
			[4752] HP acreedora por el Impuesto de Sociedades	35.677,80
35.677,80	[129] Resultado del ejercicio			
		a		
			[630] Impuesto sobre Beneficios	35.677,80

Impuesto Sociedades

El asiento de la distribución de resultados será el siguiente:

78.e		XX/XX/XX		
83.248,20	[129] Resultado del ejercicio			
		a		
			[113] Reservas voluntarias	41.624,10
			[1141] Reservas estatutarias	33.299,28
			[112] Reservas legales	8.324,82

Distribución de Resultados

Con este asiento se satisface el requerimiento de la Ley de Sociedades Anónimas que obliga a dotar anualmente el 10% del beneficio en concepto de Reservas Legales, hasta que se alcance el 20% del capital social, en este caso serían 83.400 euros que corresponden al 20% del capital social.

Los autores

Manuel Rajadell

Doctor Ingeniero Industrial por la Universitat Politècnica de Catalunya (BarcelonaTech). Master en Administración y Dirección de empresas por la Universidad Politécnica de Madrid (CEPADE). Master en Gestión Medio Ambiental del Instituto de Investigaciones Ecológicas (A.M.E.I.C.), con la colaboración de *The Open Internacional University* (Málaga).

En la actualidad es profesor Titular de Universitat Politècnica de Catalunya. Es co-autor del libro *"Lean Manufacturing. La evidencia de una necesidad"*. Editorial Díaz de Santos, Madrid, 2010.

Oriol Trullàs

Graduado en administración y dirección de empresas en la especialidad financiera. Ha trabajado como auditor y formador. Actualmente ejerce de *freelance* en la gestión de cobros y dirección financiera de diferentes empresas. Es colaborador de Pla Assessors en la especialidad contable, fiscal y laboral. http://www.pla-a.com

Pep Simo

Es profesor del Departamento de Organización de Empresas en la Universitat Politècnica de Catalunya (BarcelonaTech) y profesor consultor del Departamento de Economía y Empresa de la Universitat Oberta de Catalunya (UOC). Es ingeniero industrial y doctor en administración y dirección de empresas, imparte docencia en la Escuela Técnica Superior de Ingenierías Industrial y Aeronáutica de Terrassa (ETSEIAT) y en la Universitat Oberta de Catalunya. Sus principales áreas de investigación son comportamiento organizativo, educación, gestión, estudios de género y sociología económica. Más información: http://www.pepsimo.eu

www.ingramcontent.com/pod-product-compliance
Lightning Source LLC
Chambersburg PA
CBHW051212200326
41519CB00025B/7092